Wilhelm Abicht, Wilhelm Abicht

Haftung des Uebernehmers bei einer Werkverdingung für die Handlungen seiner Gewerbegehilfen

Wilhelm Abicht, Wilhelm Abicht

Haftung des Uebernehmers bei einer Werkverdingung für die Handlungen seiner Gewerbegehilfen

ISBN/EAN: 9783743491519

Hergestellt in Europa, USA, Kanada, Australien, Japan

Cover: Foto ©Suzi / pixelio.de

Manufactured and distributed by brebook publishing software (www.brebook.com)

Wilhelm Abicht, Wilhelm Abicht

Haftung des Uebernehmers bei einer Werkverdingung für die Handlungen seiner Gewerbegehilfen

Haftung des Uebernehmers

bei einer

Werkverdingung

für die Handlungen seiner Gewerbegehilfen.

Inaugural-Dissertation

zur

Erlangung der juristischen Doctorwürde

vorgelegt

der juristischen Fakultät der Georg-August-Universität

zu Göttingen

von

Wilhelm Abicht,

Referendar.

Göttingen,
Druck der Univ.-Buchdruckerei von W. Fr. Kästner.
1891.

Meinem Onkel,

dem Geheimen Oberregierungsrat und vortragenden Rat im Königl. preussischen Ministerium der öffentlichen Arbeiten

Karl Schweckendieck,
Rat zweiter Klasse, Ritter hoher Orden,

in Liebe und Verehrung zugeeignet.

Inhalt:

§ 1.	Einleitung	Seite	1
§ 2.	Erster Abschnitt. Begrenzung der Aufgabe	„	2
§ 3.	Zweiter Abschnitt. Der Verkehr. Die Bedürfnisse und Anschauungen	„	10
	Dritter Abschnitt. Das römische und gemeine Recht	„	16
	I. Begründung der Haftung	„	16
§ 4.	Römisches Recht. Allgemeines	„	16
§ 5.	Römisches Recht. Fortsetzung. Die beweisenden Quellenzeugnisse	„	21
§ 6.	Römisches Recht. Schluss. Die scheinbar entgegenstehenden Quellenzeugnisse. Resultat.	„	28
§ 7.	Gemeines Recht	„	34
	II. Zivilistische Konstruktion der Haftung	„	37
§ 8.	Die allgemeineren Theorieen	„	37
§ 9.	Die nur auf die Werkverdingung bezüglichen Theorieen	„	43
§ 10.	Eigene Konstruktion. Ergebnis	„	46
§ 11.	III. Umfang der Haftung	„	49
§ 12.	Vierter Abschnitt. Die deutschen Partikularrechte und das Ausland	„	55
§ 13.	Würdigung des Prinzipes	„	60

Abkürzungen:

E. B. G. = Entwurf eines bürgerlichen Gesetzbuches für das deutsche Reich.
R. O. H. G. = Entscheidungen des ehemaligen Reichsoberhandelsgerichts.
R. G. = Entscheidungen des Reichsgerichts in Zivilsachen.
Seuffert = Seufferts Archiv für die Entscheidungen der obersten Gerichte.
H. G. B. = Allgemeines deutsches Handelsgesetzbuch.

§ 1.
Einleitung.

Wenn zugleich mit der fortschreitenden Entwickelung eines Volkes und dem Aufblühen des Verkehrs die Anforderungen, welche das gewöhnliche Leben an die Erfüllung kontraktlicher Verbindlichkeiten stellt, sich stetig steigern, so ergiebt sich, dass der Schuldner, dessen Fähigkeiten nicht in gleichem Masse zunehmen, den erhöhten Ansprüchen vielfach nicht mehr allein genügen kann, sondern bei den weitaus meisten Geschäften auf die Mitwirkung dritter Personen mehr oder weniger angewiesen sein wird. Dadurch ist aber einer gefährlichen Kollision der Interessen die Thür geöffnet, falls die vom Schuldner zugezogenen Gehilfen bei dessen Unterstützung dem Gläubiger in irgend einer Weise Schaden zufügen. Der Gläubiger wird dann sein Recht vom Schuldner, als seinem Kontrahenten, zu erlangen suchen, dieser jedoch die eigene Schuldlosigkeit darthun, für die Handlungsweise eines Dritten jede Verantwortlichkeit von sich abweisen. Und ein solcher Widerstreit ist um so eher zu gewärtigen, je weniger die bezügliche Obligation eine individuelle Thätigkeit voraussetzt, er wird vollends unausbleiblich sein, wenn die Herbeiführung eines objektiven Erfolges das wesentliche Ziel der Obligation bildet. Darum hat die Frage, wie dieser Widerstreit zu lösen ist, ob zu Gunsten des Gläubigers oder des Schuldners, besonders für die locatio conductio operis einen hohen praktischen Wert. Hier kommt es nur auf die Erreichung eines bestimmten Zweckes an, hier ist daher das Gebiet, wo sich die Gehilfenthätigkeit umfassend entfalten kann und wo sie auch thatsächlich eine bedeutende Rolle spielt.

Zudem trägt kaum ein anderer Vertrag einen so hervorragend universalen Charakter wie grade die Werkverdingung.¹) Sie greift in die verschiedensten Zweige des öffentlichen und privaten Lebens ein; durch sie wird der gesamte Güter- und Personentransport ins Werk gesetzt; durch ihre Vermittelung werden Häuser gebaut und niedergerissen, Kanäle gezogen, Wälder gerodet, durch sie die Erzeugnisse der Industrie dem menschlichen Gebrauch nutzbar gemacht.²) Demnach liegt es klar auf der Hand, wie wichtig es ist, die „Haftung des Uebernehmers bei der Werkverdingung für die Handlungen seiner Gewerbegehilfen" etwas genauer ins Auge zu fassen.

§ 2.
Erster Abschnitt.
Begrenzung der Aufgabe.

Um jedoch eine bessere Würdigung derselben zu ermöglichen, scheint es geboten, vorerst unsere Aufgabe scharf zu begrenzen und zugleich einige offenbar nur indirekt zu ihr gehörige Punkte vorwegzunehmen, zumal bei diesen die Lösung unserer Frage keinerlei Schwierigkeiten bietet.

Es versteht sich von selbst, dass die Haftpflicht des Werkmeisters überall da begründet ist, wo sich die den Gehilfen zur Last gelegten schädigenden Handlungen im letzten Grunde auf sein eigenes Verschulden zurückführen lassen. Nichtsdestoweniger dürfte es angezeigt sein, auf einige Anwendungsfälle der eigenen culpa aufmerksam zu machen, weil zwischen der Schuld des Herrn und der des Gehilfen kein unmittelbarer Zusammenhang zu existiren braucht, und deshalb bezüglich einer Handlung des Gehilfen der Herr mitunter als schuldlos erscheint, während er es in Wahrheit nicht ist. Zweifellos fällt dem Uebernehmer eine Verschuldung zu Last, wenn er sich überhaupt der

---

1) Wir nehmen den Begriff derselben im römischen Sinne, in welchem sie also auch die immateriellen opera umfasst.

2) Dankwardt, die locatio conductio operis in den Jahrbüchern für Dogmatik Bd. XIII. S. 299—380.

Gehilfen bedient, falls nach der erkennbaren Absicht des Bestellers oder dem Inhalt der Obligation — man denke etwa an eine künstlerische Leistung — seine eigene Thätigkeit zur Herstellung des Arbeitsproduktes vorausgesetzt war, und ebenso, wenn er, wo die Zuziehung an sich statthaft, einen anerkannt unbrauchbaren Gehilfen verwendet oder die ihm als Werkmeister obliegenden Verpflichtungen der Aufsicht und Anleitung in schuldhafter Weise verletzt hat. Besonders aber sei bemerkt, dass gegen den Herrn der Vorwurf einer culpa überall da zu erheben sein wird, wo die Gehilfen bloss der ihnen erteilten Anweisung oder dem ihnen stillschweigend kundgegebenen Willen des Herrn entsprechend gehandelt haben, sofern nur nach dem normalen Lauf der Dinge die instruktionsmässige Thätigkeit den in Frage stehenden Schaden herbeizuführen geeignet war. Dabei kann es keinen Unterschied machen, ob die Thätigkeit des Gehilfen auf einem mandatum, hortatus, voluntas oder auf einem pati von seiten des Herrn beruhte, weil schon nach römischem Recht[1]) das scire und non prohibere dem iubere gleichgeachtet wird. Wenn demzufolge der Uebernehmer den Gehilfen schlechte Werkzeuge an die Hand giebt oder duldet, dass sie solche benutzen, wenn er ferner weiss, dass die Gehilfen, um rascher mit ihrer Arbeit fertig zu werden, kleine Kunstgriffe anwenden oder eine abgekürzte Art und Weise der Herstellung des opus einschlagen — etwa zum Transport übergebene Gegenstände in den Postwagen hineinwerfen, anstatt sie dorthin zu legen —, so ist, falls dadurch einmal ein Schaden entsteht, im Grunde nicht der Gehilfe, oder wenigstens nicht er allein an demselben schuld, sondern der Uebernehmer selbst als dessen Urheber anzusehen.[2])

---

1) Goldschmidt: Ueber die Verantwortlichkeit des Schuldners für seine Gehilfen. Zeitschrift für Handelsrecht, Band XVI. S. 291 Anm. 2 und S. 295 Anm. 7.

2) Von diesem Gesichtspunkt liesse sich vielleicht die Haftung, bzw. die geschärfte Haftung des Unternehmers gefährlicher Betriebe

Liegt nun eine jener Anwendungsformen eigener Verschuldung vor oder fällt dem Uebernehmer in sonstiger Hinsicht eine culpa zur Last, so haftet er um deretwillen für die Handlungen seiner Gehilfen. Für diesen Fall löst sich also die Frage nach der Haftung des Uebernehmers von selbst. Aus dem Grunde wird unsere spätere Darstellung von der Voraussetzung ausgehen, dass der conductor sich in keiner Weise etwas zu schulden kommen gelassen, vielmehr alles gethan hat, quae diligentissimus quisque observaturus fuerit.[1])

Haben wir demnach unsere Untersuchung auf diejenigen Fälle zu beschränken, in welchen die Schuld an der dem Besteller zugefügten Beschädigung lediglich die Gewerbegehilfen trifft, so bedarf es jetzt einer kurzen Auseinandersetzung, wer unter „Gewerbegehilfe" zu verstehen sei. Nach dem Wortsinn zu schliessen: alle diejenigen, welche, sei es dauernd oder zeitweilig, gegen Kost oder Lohn, engagiert sind, um den Prinzipal bei dessen Gewerbe berufsmässig zu unterstützen; so die Gesellen und Lehrlinge eines Handwerkers, die verschiedenen Arten der Werkleute und Fabrikarbeiter und, was den Transportvertrag anlangt, alle bei der Güterbeförderung und im Hilfsdienst angestellten Personen. Ihnen müssen jedoch rechtlich diejenigen gleichgeachtet werden, welche, obwohl zur Unterstützung des Herrn in seiner Geschäftsthätigkeit an sich nicht berufen, im Einzelfall zur gewerblichen Hilfeleistung herangezogen werden, wie etwa das von einem Schneider zum Bügeln verwendete Dienstmädchen.

Welcher Art das Rechtsverhältnis ist, das zwischen Prinzipal und Gehilfe besteht, kommt nicht in Betracht; meist wird es auf Vertrag beruhen, z. B. auf Mandat oder locatio conductio, wie bei den eben erwähnten Kategorieen

---

rechtfertigen, weil der Unternehmer hier immer die Möglichkeit, dass die Gehilfen Schaden anrichten, annehmen muss. Vgl. unten S. 55. 56.

1) l. 25 § 7 locati.

der Gehilfen; es lässt sich aber ebenso gut denken, dass jemand zur Unterstützung des Uebernehmers, z. B. in Kriegszeiten, gesetzlich verpflichtet ist oder anderseits freiwillig bei Ausführung des opus mitwirkt. Mit dem Begriff des „Gehilfen" verträgt sich sowol der eine wie der andere Fall. Nur muss man immer verlangen, dass ein mindestens vorübergehendes Abhängigkeitsverhältnis zwischen Uebernehmer und dem Dienste Leistenden existiert, kraft dessen der letztere sich den Anweisungen des Uebernehmers rücksichtlich des herzustellenden opus zu unterwerfen hat. Denn eine unabhängige Stellung verträgt sich, wie man schon aus dem Worte selbst entnehmen kann, mit dem Begriff des „Gehilfen" nicht.

Kommt es nun thatsächlich vor, dass der conductor operis unter Umständen selbständigen Arbeitern die Ausführung oder Weiterführung des von ihm übernommenen opus übertragen darf, so gewinnen wir dadurch nur die Ueberzeugung, dass die Gehilfen nicht die einzigen Personen sind, welche bei Erfüllung von Obligationen eine Rolle spielen; es wäre aber einfach petitio principii, wenn wir, wie manche Juristen gethan haben, daraus den Schluss ziehen wollten, dass jene selbständigen Arbeiter unter die Klasse der Gehilfen fallen. Vielmehr kann nicht genug davor gewarnt werden, die technisch sogenannten Substituten mit den Gehilfen auf gleiche Stufe zu setzen, weil gerade die Verkennung der Verschiedenheit beider eine Klarstellung der Frage, inwieweit der Uebernehmer für die von ihm zugezogenen Personen verantwortlich sei, wesentlich erschwert hat. Hierüber ist man denn auch in neuerer Zeit im grossen und ganzen einig.[1]) Im einzelnen indes, besonders bezüglich der Unterscheidungsmerkmale der Gehilfen und der Substituten herrscht noch teilweise Unklarheit. Es würde den Rahmen unserer, nur die Gehilfen betreffenden Arbeit überschreiten, näher auf eine bezügliche Untersuchung ein-

---

1) Vgl. Verhandlungen des XVII. deutschen Juristentages Berlin 1884, Bd. I. S. 351, (Gutachten von Leonhard).

zugehen. Soviel folgt aus der unabhängigen Stellung der Substituten mit Notwendigkeit, dass der Frage, ob der Uebernehmer für deren Handlungen einstehen müsse, jeder Boden fehlt und dass es sich eventuell nur darum handeln könne, ob der Substituent hinsichtlich der Auswahl eines geeigneten Substituten omnem diligentiam prästiert habe. Im übrigen beschränken wir uns auf einige, zur Erläuterung einer unten herangezogenen Quellenstelle [1]) dienliche Bemerkungen.

Wie schon das Wort: substituere andeutet, soll durch den Akt der Substitution ein Ersatzmann an Stelle des Schuldners treten und diejenigen Handlungen vornehmen, welche dem Schuldner selbst obgelegen hatten. Hält man demgegenüber fest, dass der Gehilfe gerade nicht diejenigen Handlungen vornehmen darf, welche der Herr, nach erkennbarer Parteiabsicht oder dem Inhalt der Obligation „selbst" thun sollte — während der Gehilfe andererseits häufig Handlungen ausführt, welche der Herr nicht ausführen sollte —, so ergiebt sich, dass die Zuziehung von Gehilfen als bedeutungslos für die Obligation des Uebernehmers regelmässig erlaubt, die Substitution aber, als mit dem Wesen der Obligation schwer vereinbar, regelmässig unzulässig ist. Nur dann scheint eine Ausnahme gerechtfertigt, falls der Besteller die Substitution ausdrücklich gestattet, oder dringende Fälle eigener Verhinderung des Uebernehmers und die dadurch gefährdeten Rechte des Bestellers eine solche erheischen.[2]) Unter diesen Umständen wird man den Uebernehmer — auf Grund der Ermächtigung des Bestellers oder auf Grund der negotiorum gestio — als einen im Interesse des Bestellers mit dem dritten kontrahierenden Stellvertreter anzusehen haben und demnach annehmen müssen, dass der Uebernehmer durch die Substitution aus

---

1) L. 13 § 1 Locati. Vgl. unten S. 30.

2) v. Jhering, Jahrb. für Dogmatik Bd. IV. S. 84. 85. Unger, Handeln auf eigne Gefahr, zugleich ein Beitrag zur Kritik des deutschen Entwurfes in den Jahrbüchern für Dogmatik. Jena 1891. Bd. XXX. (N. F. XVIII.) S. 390. 391.

dem Obligationsnexus vollständig ausscheidet, während andererseits der Substitut in ein unmittelbares, obligatorisches Verhältnis zu dem Besteller tritt.[1]) Daraus lässt sich dann als Konsequenz herleiten, dass der Substitut durch Befriedigung des Bestellers eine „eigene" Verpflichtung erfüllt, während der Gehilfe nur Dienste bei Erfüllung der ihm „fremden" Obligation des Uebernehmers leistet, und diese fundamentale Verschiedenheit beider giebt uns genügenden Grund, die Substituten von der weiteren Untersuchung auszuschliessen.

Auf anderen Gesichtspunkten beruht eine Unterscheidung, welche die Art der Beteiligung der bei der Werkverdingung mitwirkenden Personen zum Massstab nimmt. Sie geht davon aus, dass jedes Rechtsgeschäft juristische und faktische Elemente enthalte, und gipfelt darin, dass die an demselben beteiligten Dritten, je nachdem sie Akte juristischer Natur verrichten oder eine lediglich faktische Thätigkeit entfalten, als juristische oder faktische Gehilfen anzusehen seien. Indessen hat Jhering[2]) nachgewiesen, dass strenggenommen nur die faktisch Mitwirkenden zu den „Gehilfen" gehören, und diese Ansicht zu adoptieren, empfiehlt sich um so eher, als die Haftung des Uebernehmers für die juristisch Mitwirkenden keine Besonderheiten bietet. Denn hierbei sind nur folgende Fälle möglich: Entweder jemand kontrahiert im eigenen Namen, auf eigene Rechnung, aber im Interesse eines Dritten, und setzt sich mit diesem nach den Grundsätzen der negotiorum gestio auseinander, oder es schliesst jemand im fremden Namen auf fremde Rechnung — als direkter Stellvertreter — oder im eigenen Namen auf fremde Rechnung — als indirekter Stellvertreter — einen Werkvertrag ab, durch welchen der Vertretene, nach römischem Recht unter bestimmten Voraussetzungen nur „neben" dem Vertreter — adjektizisch —, nach heu-

---

1) Burchardi, Ueber die Verantworlichkeit des Schuldners für seine Gehilfen bei Erfüllung von Obligationen. Kiel 1861. S. 26—29.

2) Jahrbücher für Dogmatik Bd. I, Heft 2 und Bd. II. Heft 1. Mitwirkung für fremde Rechtsgeschäfte.

tigem Recht aber stets allein verpflichtet wird. Demnach haben, wenngleich sich eine kurze Berührung der rechtsgeschäftlichen Vertreter nicht wird vermeiden lassen, für uns nur diejenigen Fälle Interesse, in welchen es sich um faktische Mitwirkung bei Herstellung des opus handelt, und deshalb werden wir im folgenden unter „Gehilfen" auch nur die bloss faktisch bei Ausführung des Werkes beteiligten Personen verstehen.

Aus Gründen der Uebersichtlichkeit ist eine Begrenzung unserer Aufgabe noch in anderer Hinsicht wünschenswert. Es empfiehlt sich nämlich, von der späteren Darstellung diejenigen Fälle zu trennen, in welchen die Haftung des Uebernehmers sich nach besonderen Grundsätzen bestimmt, um dadurch unsere Kardinalfrage, inwieweit jene Haftung eine Folge der Werkverdingung selbst sei, desto reiner zu erhalten. Demzufolge bleibt hier ausser Betracht: die Verantwortlichkeit eines Uebernehmers, welcher sich in mora befindet und deshalb, quia obligatio mora perpetuatur, für Zufall, also schlechthin für Handlungen seiner Gehilfen einstehen muss, desgleichen die Frage der Haftung in den Fällen, wo specielle Vereinbarung seitens der Parteien getroffen ist. Freilich sind der Disposition der Kontrahenten gewisse Schranken durch das positive Recht gesetzt, zwar nicht in dem Sinn, dass dem conductor eine ausdrückliche Garantieübernahme für alle oder einzelne Handlungen seiner Gehilfen verboten würde, wohl aber in der Hinsicht, dass der conductor seine Verbindlichkeiten nicht ohne weiteres abschwächen oder gar jede Verantwortlichkeit von sich abweisen darf. Beispielsweise untersagt das schweizerische Bundesgesetz über das Obligationenrecht in Art. 115 dem Uebernehmer einer Werkverdingung, einem von ihm abhängigen Besteller gegenüber und in allen eine öffentliche Konzession voraussetzenden Betrieben die Haftung für andere als leichte Verschuldung der Gehilfen auszuschliessen, und unser Handelsgesetzbuch in Artt. 424—430 sowie das Reichshaftpflichtgesetz vom 7. Juni 1871 haben der Parteivereinbarung noch weit engere Grenzen gezogen.

Schliesslich ist es noch erforderlich, zwischen den einzelnen Folgen, die dem Uebernehmer aus der Zuziehung der Gehilfen erwachsen können, einen Unterschied zu machen und diejenigen vorweg zu nehmen, welche er kraft gesetzlicher Bestimmung ein für alle Mal zu tragen hat. Es darf heutzutage auf Grund der l. 36, 37, 62 locati als unbestritten gelten, dass der conductor operis das periculum casus praestat, d. h. wenn er das opus — gleichviel weshalb — nicht kontraktmässig herzustellen vermag, seiner Ansprüche auf die Gegenleistung und Ersatz des etwa von ihm selbst gelieferten Materials verlustig geht.[1]) Damit wird zugleich die wichtige Wirkung anerkannt, dass auch die Thätigkeit des Gehilfen, mag sie schuldhaft sein oder nicht, wofern sie die ordnungsmässige Erfüllung hindert, den Herrn um die ihm gegen den Besteller zustehenden Rechte bringen kann. Diese für den Werkmeister rein negative Wirkung unterliegt keinem Zweifel, enthält aber im Grunde genommen keinen Fall der „Haftung" für die Gehilfen, weil der Begriff der Haftung, als identisch mit Verantwortlichkeit, auf die Pflicht zu einer „positiven" Leistung, sei es nun des Schadensersatzes oder des Interesses, unzweifelhaft hindeutet. Darum sehen wir von jener Konsequenz des periculum praestare im folgenden definitiv ab.

Nunmehr können wir unsere Aufgabe dahin präzisieren, ob und inwieweit ein Werkunternehmer, ohne dass besondere Gründe zu seiner Haftung vorhanden sind, für die Handlungen der von ihm zugezogenen Gehilfen seinem Besteller gegenüber zum Schadensersatz verpflichtet ist.

---

1) Aeltere Schriftsteller haben in dem periculum praestare die „Haftung" des Schuldners für casus, d. h. die Verpflichtung des conductor für den casu eingetretenen Schaden positiv Ersatz zu leisten, sehen wollen. Vgl. v. Wyss, Haftung für fremde culpa nach römischem Recht, Zürich 1867 Seite 77, 95. Dann wäre unsere Frage der Haftung für die Gehilfen vollständig gelöst.

§ 3.
Zweiter Abschnitt.
Der Verkehr. Die Bedürfnisse und Anschauungen.

Ehe wir diese Frage aus dem römischen Recht zu beantworten suchen, wollen wir, ihrem hervorragend praktischen Charakter Rechnung tragend, einmal zusehen, welche Lösung derselben das Bedürfnis und die Anschauungen des Verkehrs erheischen.

Wie bereits oben angedeutet, kann es bei der Opusobligation als feststehende Verkehrsansicht gelten, dass der Werkmeister, wofern nicht seine eigene Arbeitsleistung den Inhalt des Vertrages bildet, zur Herstellung des von ihm übernommenen Werkes allein oder persönlich nicht verbunden ist,[1]) dass er sich vielmehr des Beistandes von Gehilfen bedienen darf oder, falls sich dessen Notwendigkeit von selbst versteht, sogar bedienen „muss". Nichts liegt nun näher als eine Ungeschicktheit der Gehilfen. Hat sie nur unbedeutende Folgen oder handelt es sich um geringwertige Arbeitsobjekte, so wird der Meister im eigenen Interesse zwecks Erhaltung der Kundschaft meist von selbst den entstandenen Schaden ersetzen. Ist er aber dazu verpflichtet und deshalb auch, wenn schwerwiegende Nachteile in Frage kommen, ohne weiteres zum Ersatz verbunden, selbst wenn die Umstände des einzelnen Falles eine Verantwortlichkeit als unbillig erscheinen lassen? Der Verkehr verlangt eine unbedingte Bejahung dieser Frage, mit Rücksicht auf die berechtigten — andernfalls schwer gefährdeten — Interessen der Besteller. Vergegenwärtigen wir uns einmal die missliche Lage, in welcher sich das gesamte Publikum befände, wenn es nicht in der Verantwortlichkeit der Werkunternehmer seine Rechte gewahrt sähe. Jemand will vielleicht kostbare Gegenstände verarbeiten lassen, scheut keine Mühe, um einen tüchtigen Goldarbeiter zu finden und sich der guten Eigenschaften desselben aus-

---
1) Vgl. l. 31 D. de solutionibus 46, 3.

reichend zu vergewissern und hat nun gewiss alles gethan, was er von seinem Standpunkt aus thun konnte. Trotzdem besitzt er keinerlei Garantie, dass mit den Wertsachen seinem Wunsche gemäss verfahren wird, ja er weiss gar nicht einmal, ob oder in welchem Zustand er dieselben wiederbekommt. Denn wer bürgt ihm dafür, dass, wenn der Meister sorgsam mit den Sachen umgeht, der Gehilfe die gleichen Grundsätze befolgt? Thut er es nicht, so ist der Besteller geprellt, da die ihm gegen den Gehilfen selbst zustehenden Klagen an der — regelmässig vorhandenen — Insuffizienz des Beklagten von vornherein scheitern. Ein solcher Zustand wäre um so unerträglicher, als der Besteller sich rücksichtlich der Gehilfen gar nicht vorsehen kann, weil er sie nicht kennt oder wenigstens sie nicht beaufsichtigen oder kontrolieren darf, da dies nicht seine sondern des Meisters Sache ist. Bedenke man nun noch, wieviele Werkverdingungen auf welch verschiedenen Gebieten im gewöhnlichen Leben geschlossen werden und ermesse dann die Tragweite der Folgen jener Nichtverantwortlichkeit! Es würde wohl schliesslich jedes öffentliche Vertrauen zu den Unternehmern schwinden, und somit eine arge Stockung des Verkehrs unvermeidlich sein.

Freilich haben hervorragende Juristen[1]) eingewandt, der Verkehr bedürfe der Haftpflicht des Werkunternehmers für seine Gehilfen um deswillen nicht, weil beinahe aus jeder Verschuldung des Gehilfen gegen den Herrn der Vorwurf einer culpa in eligendo oder inspiciendo erhoben werden könne[2]). Dieser Einwand ist aber zurückzuweisen, da den Begriffen culpa in eligendo sowol wie in inspiciendo jede erhebliche praktische Bedeutung abgesprochen werden muss.

---

1) Goldschmidt a. a. O. S. 371. Es muss auf diese — für die lex lata gleichgiltige — Differenz doch deshalb etwas eingegangen werden, weil die Gegenansicht behauptet, das „vermeintliche" — also nach ihrer Auffassung nicht existierende — Verkehrsbedürfnis sei das treibende Motiv aller derjenigen Bestrebungen, welche die Haftung des conductor operis für das römische und gemeine Recht in Anspruch nehmen.

2) Dann würde immer das auf Seite 9 oben Gesagte zur Anwendung kommen.

Was heisst denn eigentlich unter entwickelten Verkehrsverhältnissen culpa in eligendo? Dass der Uebernehmer keinen allgemein im Ruf der Untüchtigkeit und Unbrauchbarkeit stehenden Menschen anstellen wird, rät ihm sein eigenes Interesse; man kann aber doch andrerseits nicht mehr von ihm verlangen, als dass er auf Grundlage des Arbeitsbuches und sonstiger Führungszeugnisse sich auf eine oberflächliche — wesentlich nach dem persönlichen Eindruck ausfallende — Prüfung des Anzustellenden beschränkt. Dass er dadurch eine Gewähr für die Tüchtigkeit des neuen Gehilfen hat, wird doch im Ernst niemand behaupten. Und doch muss, wenn dem Gehilfen eine Verschuldung zur Last fällt, der Beweis der Beobachtung jener Formalitäten zur Exkulpierung des Herrn genügen. Die Wertlosigkeit des Begriffes culpa in eligendo lässt sich aber noch viel krasser zeigen. Nehmen wir einmal an, der Herr sei vermöge der eigenen mit dem Gehilfen gemachten Erfahrungen nachweislich vorauszusehen in der Lage gewesen, dass der Gehilfe unter Umständen den — wirklich verursachten — Schaden anrichten könne; nehmen wir selbst an, dass er den Gehilfen bei einer Nachlässigkeit ein oder mehrere Male betroffen hat, ist ihm darum ohne weiteres eine culpa in eligendo zuzurechnen? Ein Schneider hat z. B. einmal bemerkt, dass sein Geselle ein zu heisses Bügeleisen auf den zu verarbeitenden Stoff gesetzt oder das zu einem Beinkleid bestimmte Zeug aus Gedankenlosigkeit zu einem Ueberzieher verschnitten hat, befindet er sich von nun ab dauernd in culpa in eligendo und muss er den vielleicht tüchtigen Gehilfen sofort entlassen, um aus derselben herauszukommen? Dann wäre es das beste, überhaupt keine Gehilfen mehr zu halten, weil an fast jedem etwas auszusetzen sein wird und dies dem Meister auf die Länge der Zeit nicht verborgen bleiben kann. Es muss doch zum mindesten eine starke Vermutung, wofern nicht annähernde Gewissheit dafür bestehen, dass der Gehilfe grade auf Grund jener an ihm wahrgenommenen Eigenschaft und gerade diesen Besteller schädigen werde, ehe man den bei einer einzelnen Werkverdingung angerichteten

Schaden auf die generelle culpa in eligendo des Meisters zurückführen darf.

Ganz ähnlich verhält es sich mit der sog. culpa in inspiciendo. Die mittelalterlichen Zustände, unter welchen die Lehrlinge zur Familie des Meisters gerechnet wurden, sind schon längst verschwunden; die väterliche Sorge des Meisters für das Wohl des Gehilfen hat einem sehr losen Abhängigkeitsverhältnis Platz gemacht, und deshalb stellt das gewöhnliche Leben keine hohen Anforderungen mehr an die Beaufsichtigung der Gehilfen. Es ist auch nicht zu verlangen, dass der Uebernehmer alle Handlungen seiner Gehilfen fortwährend überwacht, weil, abgesehen davon, dass ihm dies thatsächlich vielfach unmöglich wäre, durch diese Erfordernisse der Grund, weshalb er sie angenommen hat, die eigene Entlastung und Zeitersparnis in Wegfall käme. Der Nachweis aber, dass er das allgemeine, verkehrsübliche Minimum der diligentia in inspiciendo prästiert habe, wird von dem Meister leicht zu erbringen sein.

Im Anschluss hieran bedarf es einiger Bemerkungen über die Verteilung der Beweislast. Ein doppeltes ist nur denkbar und beides findet sich in der Literatur vertreten. Geht man mit Dernburg[1]) davon aus, dass der Gläubiger, wofern es sich nicht um Unmöglichkeit der Erfüllung handelt, eine culpa des Schuldners darzuthun hat, so ist klar, dass ein solcher Beweis wegen mangelhafter Auswahl oder Beaufsichtigung der Gehilfen regelmässig nicht geführt werden kann. Jene Auffassung teilen aber Goldschmidt und Windscheid mit Recht nicht[2]). Denn der Verbindlichkeit, innerhalb eines bestimmten Kontraktverhältnisses[3]) einen gesetzlich vorgeschriebenen Grad der diligentia zu prästieren, entspricht die

---

1) Dernburg, Pandekten II. § 37 a. E.; speziell: Burchardi a. a. O. S. 5.

2) Goldschmidt, Zeitschrift S. 321. 322. Windscheid, Pandekten II. § 265 Anm. 17 a. E.

3) Anders bei ausserkontraktlichen Schadenszufügungen. Goldschmidt S. 322, was für die ausgedehnte Haftung gewisser Werkunternehmer wichtig ist. Siehe unten S. 55.

Pflicht, im Fall der Bestreitung dessen Prästierung stets nachzuweisen. Da nun anerkanntermassen [1]) eine Nachlässigkeit in Auswahl und Beaufsichtigung des Gehilfen in das Gebiet der kontraktlichen culpa fällt, so muss der Uebernehmer beweisen, dass er die erforderliche Sorgfalt in eligendo und in inspiciendo beobachtet habe. Nur soviel ist richtig, dass er bloss im allgemeinen darzuthun braucht, er habe den Umständen nach als bonus paterfamilias gehandelt, während es dem Besteller überlassen bleiben muss, seinerseits die speziellen Thatsachen anzuführen, aus denen erhellt, dass nichtsdestoweniger im Einzelfall das Verhalten des Uebernehmers ein schuldhaftes gewesen sei. Ist nun aber, wie oben erwähnt, nichts leichter zu führen als der Beweis der Schuldlosigkeit von Seiten des Uebernehmers, nichts andrerseits schwerer als der Gegenbeweis der Verschuldung von Seiten des Bestellers, so können wir die Möglichkeit einer culpa des Uebernehmers nicht für geeignet halten, um dem Besteller gegenüber den Handlungen der Gewerbegehilfen seines Kontrahenten zu seinem guten Rechte zu verhelfen; und dies wird uns um so klarer sein, wenn wir bedenken, dass mitunter der Uebernehmer streng genommen [2]) unfähig ist, eine culpa auf sich zu laden, wo er nämlich, wie bei dem wichtigsten Transportvertrag, in einer juristischen Person besteht.

Deshalb bildet die Verantwortlichkeit des Uebernehmers für die Handlungen seiner Gehilfen eine der Grundbedingungen eines gesunden Verkehrslebens; nur sie ist imstande, allen oben erwähnten Unzuträglichkeiten und schweren Uebelständen die Spitze abzubrechen und den Interessen der Besteller gegenüber den Ausbeutungen, welchen diese seitens der Werkunternehmer ausgesetzt sind, einen wirksamen Schutz angedeihen zu lassen. Sie dient aber zugleich dazu, den

---

1) Dreyer, Gutachten zum Juristentage. Verhandlungen I. S. 56.
2) Windscheid, Pandekten I § 59 Anm. 1a. Nur eine Fiktion ist es, die Handlungen der Vertreter als Handlungen der juristischen Person anzusehen.

Kredit der Unternehmer zu stärken und diese selbst zu der nötigen Energie und Aufmerksamkeit bezüglich ihrer Gehilfen anzuspornen [1]).

Was Wunder daher, dass die Anschauungen des Volkes, dem Bedürfnis des Verkehrs sich anpassend, entschieden zu der unbedingten Haftpflicht des Uebernehmers hinneigen, ja sogar dieselbe als etwas selbstverständliches betrachten! Geht denn jemals ein Besteller von einer anderen Ansicht aus, als dass der Werkmeister für die Handlungen seiner Gehilfen einstehen müsse? Hält er es nicht vielmehr für ganz natürlich, dass der Meister, der die ordnungsmässigen Leistungen der Gehilfen zu seinen Gunsten benutzen darf, auch deren fehlerhafte Handlungen gegen sich gelten lassen muss [2])? Selten wird aber auch der Uebernehmer selbst die Meinung hegen, dass er durch Berufung auf eine culpa seiner Gehilfen von der Erfüllung der von ihm übernommenen Verpflichtung befreit werde; er würde vielmehr einen solchen Rechtszustand kaum begreifen können und sich wundern, wenn er überhaupt noch Arbeit bekäme. Unser heutiges Verkehrsleben [3]) erblickt eben in dem Leistungsversprechen des conductor die Uebernahme einer Garantie für das ordnungsmässige Verhalten aller derjenigen Personen, deren Zuziehung ihm ausdrücklich oder stillschweigend gestattet ist. Mag man diese Garantie auf den unausgesprochenen, einseitigen Willen des Bestellers gründen oder auf den vermutlichen Parteiwillen beider Kontrahenten — wie Puchta schon für

---

1) Mataja, das Recht des Schadensersatzes vom Standpunkt der Nationalökonomie. Leipzig 1888. S. 38 ff. S. 72 ff. besonders S. 42. Vgl. auch Steinbach, die Grundsätze des heutigen Rechtes über den Ersatz der Vermögensschäden 1888 S. 36 ff.

2) In neuerer Zeit hat man diesem Satz die Fassung gegeben: »Der Schuldner zieht Gehilfen im »eigenen« Interesse, zur Erfüllung »seiner« Verbindlichkeit zu; er handelt folgeweise auf eigene Gefahr«. Motive zum Entwurf eines bürgerlichen Gesetzbuches II. S. 30. Unger a. a. O. S. 390. Dass dies kein juristischer Grund für die Haftung ist, darüber vgl. unten S. 40 u. 41.

3) Motive zum E. B. G. II. S. 30.

das römische Recht — zurückführen[1]), darauf kommt nichts an; für den Verkehr ist sie eine gegebene Grösse, mit welcher wir rechnen müssen. Ist sie doch aus der Ueberzeugung des Volkes hervorgegangen, als der Ausdruck eines allgemeinen Gerechtigkeitssinnes und des Gefühls einer unabweislichen Notwendigkeit.

Dritter Abschnitt.
Das römische und gemeine Recht.
I. Begründung der Haftung.
§ 4.
Römisches Recht. Allgemeines.

Wenn nun aber das Recht mit den Interessen des menschlichen Gemeinlebens aufs engste verknüpft ist und seine höchste Aufgabe darein setzt, mit ihnen in vollständigem Einklang zu stehen, sollte da die durch das Verkehrsbedürfnis geforderte und in der Volksanschauung bereits lebendige Verantwortlichkeit des Uebernehmers nicht auch in unserem positiven Rechte zum Ausdruck gekommen sein? In der That finden wir in den neueren Gesetzgebungen, wie noch später zu betrachten sein wird, fast durchgehends die Haftpflicht des Uebernehmers ausdrücklich proklamiert. Fraglich bleibt nur, in welcher Weise das römische Recht zu derselben Stellung genommen hat, da in der Hinsicht keineswegs Einstimmigkeit in der Rechtswissenschaft herrscht,

---

[1] So jetzt auch Goldschmidt, System des Handelsrechts im Grundriss 2. Aufl. 1889 S. 106. 2. Man muss jedoch beachten, dass die fingierte Garantieübernahme als »juristischer Grund« der Haftung unzulänglich ist, weil im einzelnen Fall eine gegenteilige Parteiabsicht vorhanden sein kann. Rang, Haftung des Schuldners für Dritte nach gemeinem Recht, I.-D, Bonn 1886, S. 28 29 geht zu weit, wenn er behauptet, es sei eine übermässige Kühnheit, »irgend eine« Form der Haftung als gewollt zu bezeichnen. Allerdings ist richtig, dass der Wille der Parteien nicht auf eine Beschränkung der Verantwortlichkeit auf culpa in eligendo oder inspiciendo sich richtet.

vielmehr, geleitet von den hervorragendsten Juristen wie Goldschmidt und Windscheid, eine Strömung nach der entgegengesetzten Seite sich bemerkbar macht. Wenigstens erachtet es Wendt [1]) — und ihm schliesst sich Unger an — als derzeit noch herrschende Ansicht, dass ein unbedingtes Einstehen des Uebernehmers für die Handlungen seiner Gehilfen nach römischem Recht nicht behauptet werden kann, und gerade derjenige Jurist, welcher die unbedingte Haftung des römischen conductor operis am eifrigsten verteidigt hat, nämlich Ubbelohde [2]) ist, wie er in seiner neuesten Abhandlung [3]) erwähnt, auf die Seite der Gegenpartei getreten. Andrerseits freilich scheut sich Goldschmidt [4]), auf dessen Ausführungen die herrschende Meinung allein beruht, seine Auffassung, dass der Uebernehmer an sich niemals für seine Gehilfen verantwortlich sei, so positiv sicher, wie früher auszusprechen.

Aber selbst wenn für den römischen conductor unsere Frage verneint werden müsste, so dürfte dadurch allein noch kein ausschlaggebendes Argument für das gemeine Recht gewonnen, sondern immer noch zu untersuchen sein, ob nicht in anbetracht der total veränderten wirtschaftlichen und sozialen Verhältnisse und auf Grund unserer deutschen Rechtsentwicklung der römische Standpunkt als ein überwundener gelten könne. Hoffentlich bedarf es indes für uns einer derartigen Untersuchung nicht, weil wir auch schon für das römische Recht die Haftung des Uebernehmers für die Handlungen seiner Gehilfen annehmen zu müssen glauben und unsere Annahme auch zu rechtfertigen

---

1) Pandekten S. 559, Unger a. a. O. S. 385.

2) Haftung des Geschäftsherrn aus der Verschuldung der in seinem Geschäft angestellten Personen bei Erfüllung übernommener Verbindlichkeiten: im Archiv für praktische Rechtswissenschaft Bd. VII. S. 229 ff. und in Zeitschr. für Handelsrecht Bd. VII. S. 199 ff.

3) Glücks Kommentar. Serie der Bücher 43 und 44. Erster Teil: de interdictis S. 415, Anm. 71 a. E.

4) System des Handelsrechts 2. Aufl. S. 106.

imstande sind. Allerdings ist es zu dem Ende notwendig, uns vorher etwas den Weg zu ebnen und zu prüfen, wie die Römer im allgemeinen über die Haftung des Schuldners für Dritte gedacht haben, da je nach dem Standpunkt, welchen sie bezüglich derselben vertreten, die Begründung der Verantwortlichkeit des conductor operis mit grösseren oder geringeren Schwierigkeiten verbunden sein wird. Es ist aber sogar notwendig, noch weiter auszuholen, weil die Frage der Haftung für Dritte ihrerseits wieder davon abhängt, ob nach römischem Recht eine Haftung ohne Verschuldung überhaupt möglich ist.

Man hat vielfach behauptet, dass durch das kunstvolle Gefüge des römischen Rechtes sich wie ein roter Faden das Axiom hindurchziehe, dass nicht der angerichtete Schaden als solcher, sondern nur die dazukommende Verschuldung eine Verantwortlichkeit und damit die Verpflichtung zum Schadensersatz zu begründen vermöge; man hat diesen Satz jedoch nur dadurch aufrecht erhalten können, dass man entweder den Begriff der culpa bis zur Unkenntlichkeit entstellte,[1]) wodurch er schliesslich zur blossen Veranlassung wurde, oder dass man überall da, wo eine culpa fehlte, dieselbe subintellegierte. Thatsächlich existiert ein derartiges Prinzip im römischen Recht nicht[2]) oder zum mindesten ist es nicht durchgeführt. Zwar lässt sich nicht leugnen, dass es, wenn für irgend ein, so für das elegante römische System geeignet gewesen wäre, zumal der in ihm liegende Gedanke dem fein ausgeprägten Rechtsgefühl der grossen Juristen sehr sympathisch war; aber in Wirklichkeit ist in den Quellen von einem solchen „Grundsatz" nirgends die Rede. Vielmehr werden uns sogar zahlreiche — von den Juristen nur durch Fiktion einer culpa erklärte — Fälle mitgeteilt, in welchen trotz evidenter Schuldlosigkeit eine Haftpflicht als etwas selbstverständliches ausgesprochen wird. Demnach darf man den vermeintlich römischen Schuldbe-

---
1) Vgl. Ihering, Schuldmoment S. 47. 49.
2) Rang, Haftung des Schuldners für Dritte nach gemeinem Recht. Inauguraldissertation. Bonn 1886. S. 70. Anm. 4.

griff jedenfalls nicht „gegen" die Verantwortlichkeit des Uebernehmers für seine Gehilfen ins Feld führen. Aber noch mehr; man kann aus den Anschauungen der Römer zum Teil beachtenswerte Argumente „für" eine derartige Verantwortlichkeit entnehmen. Sehe man nur zu, ob es nicht genug positive Fälle giebt, in denen es den Römern nicht an Mut fehlte, dem Schuldner ohne Bedenken eine Haftung für Dritte aufzuerlegen. Ich übergebe die mannigfaltigen, eine ausserkontraktliche Haftung regelnden Bestimmungen, wie z. B. das edictum de effusis et eiectis, nach welchem die Verantwortlichkeit des Inhabers einer Wohnung schon dadurch begründet wird, dass aus seinem Fenster irgend jemand einen den Passanten treffenden Gegenstand hinabgeworfen hat, desgleichen die weitgehende Haftung des paterfamilias aus den Noxalklagen. Erwähnt sei nur, weil es ein interessantes ἀνάλογον zu unserer Frage enthält, das den gesamten römischen Geschäftsverkehr beherrschende und folgerecht auch für die Werkverdingungen eine grosse Rolle spielende Institorenverhältnis mit seinen eigentümlichen adjektizischen Klagen. Wir nehmen an, dass der Werkmeister einen Geschäftsführer mit der Ermächtigung zur Uebernahme von Werkverdingungen in seinem Gewerbe angestellt hat. Dann erwächst ihm, allerdings nur neben dem institor selbst, eine zwiefache Verbindlichkeit. Einmal ist er verpflichtet, den vom institor geschlossenen Vertrag zu erfüllen, als ob er selbst an Stelle des institor kontrahiert hätte — und zwar ohne Unterschied, ob der Angestellte innerhalb der seiner Thätigkeit gesetzten Grenzen gehandelt hat oder nicht, wofern nur nach den konkreten Umständen der kontrahierende Besteller den Abschluss des fraglichen Vertrages als zum Berufskreis desselben gehörig ansehen durfte. Sodann aber muss der Geschäftsherr alle sonstigen schuldhaften Handlungen des institor — etwa Beschädigungen des opus —, wie seine eigenen vertreten. Der Grund für letzteres liegt darin, dass gegen den Prinzipal die zunächst dem institor gegenüber begründete Klage gegeben wird und dass daher auch die durch Verschulden des institor herbeigeführten Modifikationen dieser Klage gegen den Principal wirksam sind. Hiernach scheint allerdings die Haftung des Prinzipals lediglich auf formalen Gründen zu beruhen, schwerlich würden aber die Römer diesen formalen Gesichtspunkten solche Bedeutung beigelegt haben, wenn sie nicht der Ansicht gewesen wären, dass das dadurch bedingte Resultat auch der natürlichen Billigkeit und den Bedürfnissen des Verkehrs entspreche.

Demnach kennen die Römer eine exorbitante Haftung für Verschulden Dritter aus einem für den Prinzipal vollständig „fremden" Kontrakt, sollten sie dieselbe da nicht erst recht kennen aus „eigenem" Kontrakt des Prinzipals, wenn „ihm" die Leistung obliegt, und seine Gehilfen mit dem Besteller gar nichts zu thun haben? Irgend eine ratio iuris, welche eine Trennung der beiden Fälle verlangte, existiert doch gewiss nicht. Zudem bedenke man die wunderbare Stellung des Geschäftsherrn, wenn man eine solche Unterscheidung machen müsste! Kein Mensch würde ja mit demselben noch kontrahieren wollen, jeder würde lieber mit dem niedrigsten Sklaven seine Geschäfte abschliessen, weil er dadurch seine Rechte weit besser gewahrt sähe. Auch erhebliche praktische Schwierigkeiten wären die notwendige Konsequenz eines derartigen Rechtszustandes, da im gewöhnlichen Leben der institor meist zugleich Gehilfendienste, der Gehilfe auch wohl die Funktionen eines institor versieht und deshalb vielfach gar nicht zu erkennen sein wird, in welcher Eigenschaft jeder von ihnen thätig geworden ist. Setzen wir beispielsweise den Fall, dass der Gehilfe, welcher zugleich zum Abschluss von Werkverträgen befugt, also institor ist, in Gegenwart des Prinzipals eine Bestellung annimmt, in welcher Funktion tritt er dann auf, als institor oder Gehilfe? In abstracto lässt sich das kaum sagen und auch im Einzelfall wird man nicht selten ausserordentlich schwanken, ob das eine oder andere anzunehmen ist. Und doch sollte die Verantwortlichkeit des Prinzipals eine so grundverschiedene sein, wenn nun der betreffende Gehilfe oder institor eine

Nachlässigkeit begeht? Das wäre eine eigentümliche Disharmonie, wie wir sie dem römischen Recht kaum zutrauen dürfen. Freilich hat man eingewandt, der römische Geschäftsverkehr habe sie deshalb wohl ertragen können, weil gemäss den römischen Einrichtungen die Verrichtungen der Gehilfen vorwiegend Sklaven und Hauskindern oblagen, und für diese eine besondere Haftung des Herrn nicht erst statuiert zu werden brauchte.[1]) So richtig dies im allgemeinen sein mag, so wenig trifft es speziell für unsere Werkverdingung zu, da gerade hier wegen der für einen Gehilfen erforderlichen technischen Fertigkeiten die Zuziehung freier Arbeiter sich frühzeitig eingebürgert hat. Aus dem Grunde müssen wir annehmen, dass bereits in Rom den Interessen des Verkehrs nur durch unbedingte Haftung des conductor operis genüge gethan werden konnte. Und dies um so mehr, wenn wir uns eine offenbar zwecks Beseitigung eines unmittelbaren Notstandes erlassene Spezialbestimmung vor Augen führen, ich meine das edictum nautarum, welches dem nauta, dem gegenüber der Schutz des Publikums wohl besonders erfordert sein mochte, die Haftung sogar für Zufall bis zur vis maior auferlegte.

§ 5.
Die beweisenden Quellenzeugnisse.

Freilich wäre damit noch nicht der Beweis geführt, dass die Haftung des conductor operis thatsächlich schon im römischen Recht bestanden habe, wenn wir eine solche Annahme nicht durch eine Reihe von Quellenstellen bestätigt fänden. Zwar knüpfen sich, wie an so viele römische Entscheidungen, auch an die hier einschlägigen zahlreiche Kontroversen zum Teil so erheblicher Art, dass aus ein und derselben Stelle diametral entgegengesetzte Folgerungen gezogen werden, aber dennoch halten wir, wenn man dem Geist der römischen Juristen und dem ihren Aussprüchen zu Grunde liegenden Sinn gerecht werden will, nur Eine

---

1) Goldschmidt S. 367. Mataja a. a. O. S. 75.

Auslegung für zulässig, und diese zwingt uns, aus den dürftigen Fragmenten die unbedingte Haftung des Uebernehmers für die Handlungen seiner Gehilfen herauszulesen. Sagt man doch von den römischen Juristen, dass ihre Genialität grade darin gelegen habe, den Inhalt der obligationes bonae fidei — und zu diesen gehörte die locatio conductio operis — den Interessen des Verkehrs entsprechend zu gestalten. Das Verkehrsbedürfnis ist da, sollten nun ihre Entscheidungen nicht mit demselben in Einklang zu bringen sein? Schlagenden Beweis hierfür liefert die in neuerer Zeit berühmt gewordene l. 25 § 7 locati 19,2.

Gaius libro X ad edictum: Qui columnam transportandam conduxit, si ea, dum tollitur aut portatur aut reponitur, fracta sit, ita id periculum praestat, si qua ipsius eorumque, quorum opera uteretur, culpa acciderit: culpa autem abest, si omnia facta sunt, quae diligentissimus quisque observaturus fuisset. Idem scilicet intellegemus et si dolia vel tignum transportandum aliquis conduxerit: idemque etiam ad ceteras res transferri potest.

Darnach soll der Frachtführer für allen Schaden, den die zu transportierende Säule während des Transportes nimmt, ersatzpflichtig sein, si qua ipsius eorumque, quorum opera uteretur, culpa acciderit. Es ist bekannt, dass unsere Juristen darüber streiten, ob man mit der Florentina, einigen Vulgathandschriften und Basilikenstellen eorumque oder mit andern Vulgathandschriften und der Lectio Haloandrina eorumve lesen solle,[1]) und, je nachdem sie das eine oder das andere für richtig halten, die Haftung des Uebernehmers, welchen nicht selbst eine culpa — in eligendo — trifft, verneinen oder bejahen. Lässt sich nun allerdings nicht leugnen, dass, was den Text anlangt, jedenfalls der beglaubigten Florentina der Vorzug gegeben werden muss, so macht es doch materiell gar keinen Unterschied, ob man ihr oder den Vulgathandschriften folgt, weil auf Grund der l. 29 D. de V. S. 50,16 que ebenso gut „oder" als „und" heissen kann, und ve ebenso häufig in kopulativer als in

---

1) Goldschmidt S. 353.

disjunktiver Funktion gebraucht wird. Im Wege der Wortinterpretation erhalten wir also über unsere Stelle keinen Aufschluss. Dagegen nötigt uns deren Sinn, anzunehmen, dass es sich nur um eine Verschuldung des Herrn „oder" seiner Leute handeln könne. Denn ist es Gaius wohl zuzutrauen, dass er durch eine Entscheidung, die schon in ihrer äusseren Form auf etwas besonderes hinweist und ausdrücklich als ein Satz von allgemeinerer Bedeutung für die locatio conductio operis bezeichnet wird, den trivialen Gedanken, dass der conductor für eigene culpa einstehe, habe aussprechen wollen? Dann hätte er ja das eorumque, quorum opera uteretur ganz weglassen können, weil es für die Begründung dieser allgemeinen Wahrheit völlig überflüssig war. Oder sollte man — um die Erwähnung der Thätigkeit der Gehilfen zu rechtfertigen — etwa gar glauben, es müsse in jedem Fall zur Haftung des Herrn verlangt werden, dass sowohl er als auch seine Gehilfen in culpa sind; dann ergäbe sich die höchst wunderbare Konsequenz, dass der Herr auch für eigene culpa nicht verantwortlich wäre, wenn nicht zugleich eine culpa seiner Gehilfen konkurrierte. Da nun aber die culpa der Gehilfen doch irgend welche Bedeutung für die Haftpflicht des Uebernehmers haben muss — sonst wäre sie in der l. 25 cit. nicht namentlich angeführt —, so ist es, um der Stelle einen vernünftigen Sinn abzugewinnen, durchaus notwendig, das „que" oder „ve" disjunktiv zu fassen, eine Annahme, bei welcher die Verantwortlichkeit des conductor für die Handlungen seiner Gehilfen unmittelbar aus der l. 25 entnommen werden muss. Uebrigens sei schon jetzt erwähnt, dass grade das durch die beste Handschrift verbürgte „que" insofern für unsere Frage höchst charakteristisch ist, als es auf die vollständige Gleichstellung der Handlungen des Gehilfen mit denen des Herrn hindeutet und uns einen Massstab giebt, nach welchem später der Umfang der Haftung zu bestimmen sein wird.

Haben wir somit aus der l. 25 cit. die Verantwortlichkeit des Uebernehmers für die Handlungen seiner Gehilfen dargethan, so bedarf es nun bloss noch einer Bemerkung über einen von Windscheid[1]) gemachten Einwand. Windscheid geht nämlich von der soeben als unhaltbar nachgewiesenen Anschauung aus, dass culpa bei dem Uebernehmer — in eligendo — „und" den Gehilfen erforderlich sei, um die Haftung des Uebernehmers zu begründen und fährt dann fort: „Will man aber auch nicht annehmen, dass Gaius die culpa ipsius als culpa in eligendo gedacht habe, so ist doch die andere Annahme vollständig zulässig, dass er culpa in eligendo vorausgesetzt habe. Diese Annahme ist hier nicht gewagter, als sie es an anderen Stellen ist." Damit giebt Windscheid indirekt zu, dass man aus besagter lex an sich die Haftung auch eines diligentissimus conductor deduzieren könnte, hält dies aber deshalb für unzulässig, weil die Analogie anderer Fälle eine Subintellegierung von culpa in eligendo gestatte. Man kann leicht erkennen, dass diese Begründung nichts weiter als ein letzter Versuch ist, das Kulpaprinzip aufrecht zu erhalten. Denn wie kämen wir dazu, aus anderen gar nicht von der locatio conductio operis handelnden Stellen, in welche nebenbei auch nur mit Mühe eine culpa hineingetragen werden kann,[2]) eine Analogie für unseren Fall herzuleiten? Besteht denn ein Bedürfnis, das uns zu diesem Gewaltmittel zwänge, oder entspricht nicht vielmehr der zunächst sich darbietende Sinn unserer Stelle vollständig der Natur des Geschäftes?[3]) Demnach vermag der Windscheidsche Einwand die Beweiskräftigkeit unserer l. 25 nicht zu erschüttern.

Die Haftung des conductor operis ist jedoch nicht, wie man zuweilen gemeint hat, auf den Transportvertrag beschränkt, sondern auch für andere locationes operis leicht nachweisbar. Wenigstens spricht die l. 40, 41 D. locati:

    Gaius libro V ad ed.: qui mercedem accipit pro custodia alicuius rei, is huius periculum custodiae praestat.

---

1) Pand. II § 401, Anm. 5.
2) l. 20 § 2 D. de praescr. verb. 19, 5.
3) R. O. H. G. vom 14. III. 1874. Bd. 13. no. 25. S. 78. Seuffert XXX. no. 139.

Ulpianus libro V ad ed.: sed de damno ab alio dato agi cum eo non posse Julianus ait; qua enim custodia consequi potuit, ne damnum iniuria ab alio dari possit? Sed Marcellus interdum esse posse ait, sive custodiri potuit, ne damnum daretur, sive ipse custos damnum dedit; quae sententia Marcelli probanda est;
durch die Worte: sive ipse custos damnum dedit ausdrücklich aus, dass derjenige, welcher die Bewachung einer Sache zusagt, für den Wächter, dessen er sich dabei bedient, einstehen muss. Da er ausserdem dann verantwortlich gemacht wird: sive custodiri potuit, und unter diese Voraussetzung alle Möglichkeiten eigener culpa des Uebernehmers fallen, so kann von der Annahme einer culpa in eligendo von vornherein keine Rede sein. Indes hat man gegen die Beweiskräftigkeit der Stelle geltend gemacht,[1]) dass sie einen Fall behandele, in welchem jemand die gesteigerte Haftung für custodia vertragsmässig gegen Entgelt übernommen habe und aus dem Grunde für seine Wächter verantwortlich sei. Dies ist schon um deswillen unannehmbar, weil dann aus der lex gar nicht ersichtlich wäre, um welchen Hauptvertrag es sich eigentlich handele; denn die technisch sog. custodia ist doch nur „neben" einem anderen Vertrag möglich und dazu da, die Verbindlichkeit des Schuldners aus diesem zu verstärken, nicht aber, eine solche überhaupt erst ins Leben zu rufen. Andrerseits kann doch bei dieser Auffassung nicht etwa auch noch der Hauptvertrag die custodia sein und zwar nunmehr im Sinne einer auf Bewachung gerichteten locatio conductio operis. Demzufolge ist es wohl richtig, da doch „eine" custodia den Gegenstand der Untersuchung bildet, dieselbe als einen in Gestalt einer locatio conductio operis geschlossenen Bewachungsvertrag aufzufassen.[2]) Alle gegen eine solche Annahme erhobenen Bedenken schlagen nicht durch.

---

1) v. Wyss S. 102. Goldschmidt S. 356. Windsch. a. a. O.

2) Bruckner: Die custodia nebst ihrer Beziehung zur vis maior. Gekrönte Preisschrift, München 1889 S. 220/221.

Man hat u. a. behauptet, dass der conductor nicht pro custodia seinen Lohn bekomme, sondern pro usu et arte und sich dafür auf die l. 25 D. nautae 4,9. berufen.[1]) Aber diese Behauptung steht unserer Ansicht gar nicht entgegen und, in die Worte der l. 25 nautae gekleidet, spricht sie sogar für dieselbe. Gaius erläutert nämlich, dass der nauta, welcher gesetzlich für technische custodia haftet, nicht pro custodia seine merces erhält, sondern, ut traiciat vectores; er fährt dann fort, dass der fullo und sarcinator mercedem accipiunt non pro custodia — ob hier nur die allgemeine, bei allen Kontrakten erforderliche custodia oder auch die technische gemeint ist, darüber später — sed pro arte: das Gewicht liegt also in beiden Fällen auf der „Thätigkeit" des conductor, und für diese wird der Entgelt bezahlt. Wenn nun aber die Thätigkeit des Uebernehmers eben in der „Bewachung", custodia in diesem Sinn, besteht, dann ist doch nicht abzusehen, weshalb der Lohn nicht pro custodia, als die Hauptleistung entrichtet werden soll. Für die custodia im obigen Sinn, sei es nun die allgemein verkehrsübliche diligentia in custodiendo oder die technisch gesteigerte Obhut, wird er ja nicht bezahlt. Darum darf die lex 40,41 nur in der oben angegebenen Weise interpretiert werden.

Noch einfacher als aus den bisher zitierten Stellen lässt sich aus der l. 13 § 5 D. locati,

> Ulpianus: Si gemma includenda aut insculpenda data sit, eaque fracta sit, si quidem vitio materiae factum sit, non erit ex locato actio, si imperitia facientis, erit. Huic sententiae addendum est, nisi periculum quoque in se artifex receperat; tunc enim etsi vitio materiae id evenit, erit ex locato actio;

die Haftung des conductor für seine Gehilfen folgern. Hier wird rundweg ausgesprochen, dass, wenn ein Stein, der einem Graveur zur Einfassung oder sonstigen Bearbeitung gegeben ist, imperitia facientis fracta sit, der Meister dafür verantwortlich sein soll. Ob er selbst oder sein Gehilfe den Stein zer-

---

1) Goldschmidt a. a. O. S. 357.

brochen hat, unterscheidet Ulpian nicht, vielmehr weist er durch die offenbar erschöpfende Begründung der Haftung grade darauf hin, dass im Vergleich zum vitium materiae die imperitia facientis im weitesten Sinne zu nehmen und auf jedes vitium operis zu erstrecken ist; dies ergiebt auch die l. 62 D. locati. Es liegt auf der Hand, dass für die Annahme einer culpa in eligendo des Meisters sich in unserer l. 13 § 5 cit. auch nicht der geringste Anhaltspunkt bietet.

Schliesslich spricht für die Verantwortlichkeit des Uebernehmers noch die l. 5 § 10 D. de instit. act. 14,3:

Ulpianus: Sed et cum fullo peregre proficiscens rogasset, ut discipulis suis, quibus tabernam instructam tradiderat, imperaret, post cuius profectionem vestimenta discipulus accepisset et fugisset, fullonem non teneri, si quasi procurator fuit relictus; sin vero quasi institor, teneri eum. Plane si affirmaverit mihi recte me credere operariis suis, non institoria, sed ex locato tenebitur,

welche die Haftung auf Grund des Institorenverhältnisses in scharfen Gegensatz zu der Haftung des in eigener Person kontrahierenden Uebernehmers stellt und vermöge der Worte: ex locato tenebitur keinen Zweifel darüber lässt, dass im letzten Satz der fullo selbst Kontrahent ist, und seine discipuli nicht als Institoren sondern nur als Gehilfen in Frage kommen. Allerdings hat man in dem: plane si affirmaverit, recte me credere operariis suis eine Garantieübernahme[1] für die Thätigkeit der Gehilfen sehen und daraus die Haftung des conductor herleiten wollen. Aber dann enthielte einerseits unsere Stelle nichts von dem Abschluss des Vertrages selbst, und man müsste vielmehr annehmen, dass der Jurist einen solchen stillschweigend voraussetzte — eine Annahme, zu welcher ein Grund nicht vorhanden ist —, andrerseits würde man in den Worten Ulpians den Kausalzusammenhang vermissen. Denn doch nicht unmittelbar deshalb oder wenigstens nicht deshalb allein, weil der fullo die Garantie für seine Gehil-

---

1) Goldschmidt a. a. O. S. 324.

fen übernommen hätte, wäre seine Haftung ex locato begründet, sondern eine derartige Haftung könnte immer nur eine Folge der Werkverdingung selbst sein. Demzufolge ist es wohl richtiger, anzunehmen, dass in der Versicherung des fullo, der Kunde könne seine Kleider den discipuli anvertrauen, eine Vertragsofferte liegt, die im Augenblick, wo der Kunde den Willen, auf sie einzugehen, offenbart — hier indem er den Gehilfen die Kleider thatsächlich übergiebt — die locatio conductio perfekt macht. Bei dieser Auffassung ergiebt sich die Haftung des fullo für seine Gehilfen unmittelbar aus der Werkverdingung.

§ 6.
Die scheinbar entgegenstehenden Quellenzeugnisse. Resultat.

Wenn die erwähnten Quellenaussprüche lautredende Zeugen dafür sind, dass bereits im römischen Recht die Haftung des conductor operis für die Handlungen seiner Gehilfen anerkannt gewesen sei, so bedürfen diejenigen Entscheidungen, aus denen man dieselbe indirekt entnehmen könnte[1]) sowie diejenigen, deren Analogie sich für die locatio conductio operis verwerten liesse,[2]) keiner Hervorhebung. Nur scheint es angebracht, auf einige Quellenzeugnisse hinzuweisen, die angeblich der unbedingten Verantwortlichkeit des Uebernehmers entgegenstehen, um zu zeigen, dass diese mit unserer Auffassung gar wohl vereinbar sind.

Hierher gehört vor allem die l. 10 § 1 D. commodati 13,6:

Ulpianus: Si rem inspectori dedi, an similis sit ei, cui commodata res est, quaeritur. Et si quidem mea causa dedi, dum volo pretium exquirere, dolum mihi tantum praestabit; si sui, et custodiam; et ideo furti habebit actionem. Sed et si dum refertur periit, si quidem ego mandaveram per quem remitteret, periculum meum erit; si vero ipse cui voluit commisit, aeque culpam mihi praestabit, si sui causa accepit, — l. 11.

---
1) z. B. l. 13 § 6 locati.
2) l. 19, 21, 23 pro socio 17, 2.

Paulus -- qui non tam idoneum hominem elegerit, ut recte id perferri possit;

die zwar ex professo nicht von der Werkverdingung, sondern einem kommodatähnlichen Innominatrealkontrakt handelt,[1]) aber für den Fall, dass das angegebene Geschäft im beiderseitigen Interesse liegt — weil der eine Kontrahent den Wert der Sache erfahren, der andere seine Thätigkeit bezahlt haben will -- praktisch auf eine locatio conductio operis hinausläuft. Der Gehilfe des inspector hat den Auftrag erhalten, die Sache dem Gegenkontrahenten wiederzuzustellen; unterwegs kommt die Sache zu Schaden; der Herr ist verantwortlich: culpam praestabit . . . qui non tam idoneum hominem elegerit, ut recte id perferri possit. Damit scheint bewiesen zu sein, dass der Herr für Handlungen seiner Gehilfen nur dann hafte, wenn ihm selbst eine culpa in eligendo zur Last fällt. Der Sinn dieser Stelle lässt jedoch eine solche Annahme nicht zu. Zunächst ist festzuhalten, dass die culpa der l. 10 sich nicht auf die l. 11 bezieht, weil letztere erst später von den Kompilatoren zwischen l. 10 und l. 12 gestellt ist, die beide von Ulpian herrühren. Sodann aber sagt die l. 10 folgendes: Wenn der Gegenkontrahent des inspector die Sache durch seine eigenen Leute abholen lässt, und dieselbe, dum refertur, periit: periculum eius erit, d. h. er verliert die Sache, wenn sie zu Grunde geht, mag die Zerstörung durch Schuld seiner Leute oder durch äussere Ereignisse herbeigeführt sein. Verwendet nun der inspector „seinen" Gehilfen als Boten: aeque „culpam" praestabit, d. h. er steht wenigstens für die Schuld seiner Gehilfen ein und zwar genau soweit — aeque — als der Gegenkontrahent, was für ihn bedeutet: er muss die Sache ersetzen. Die culpa der l. 10 als Verschuldung der Gehilfen aufzufassen, wird man einerseits durch das ihr offen-

---

1) Das R. G. vom 28. VI. 83. Bd. 10 no. 45 S. 66 erachtet sie schon um deswillen als für die loc. cond. operis nicht beweiskräftig. Vgl. aber Burchardi a. a. O. S. 164.

bar gegenüber gestellte periculum, andererseits dadurch berechtigt, dass die Haftung des Herrn für „seine" culpa selbstverständlich ist, weil er am Geschäft Interesse hat. Zudem ist am Anfang der Stelle gesagt, dass er, worauf noch später zurückzukommen ist, custodiam prästiert, weshalb bedarf dann ein Fall seiner eigenen culpa noch Hervorhebung? Es wäre vielleicht gar nicht einmal notwendig gewesen, die Schuld der Gehilfen zu erwähnen.[1]) Wenn wir aber auch zugeben wollten, dass die culpa als culpa des Herrn aufzufassen sei, wenn wir selbst einräumen wollten, dass die erst später angefügte, von Paulus herrührende l. 11 mit der culpa der l. 10 in rechtlichem Zusammenhang stände, so könnte die culpa doch gewiss keine culpa in eligendo sein, weil in diesem Fall das aeque keinen Sinn gäbe, da ja der Gegenkontrahent sich nicht selbst diligentia in eligendo zu prästieren braucht.[2]) Sie würde sich vielmehr dann nur auf die in l. 11 gegebene juristische Konstruktion[3]) der Haftung beziehen und, weil die l. 11 cit. nicht wegen schlechter Auswahl, sondern wegen schlechter Beschaffenheit des Gehilfen den Herrn haftbar macht, nur noch ausdrücklich betonen, dass in der schlechten Beschaffenheit eine culpa des Herrn liege.

Auch die l. 13 § 1 D. locati

Ulpianus: Si navicularius onus Minturnas vehendum conduxerit, et, cum flumen Minturnense navis ea subire non posset, in aliam navem merces transtulerit, eaque navis in ostio fluminis perierit, tenetur primus navicularius? Labeo, si culpa caret, non teneri ait, ceterum si vel invito domino fecit vel quo non debuit tempore aut si minus idoneae navi, tunc ex locato agendum;

ist von den Gegnern der unbeschränkten Haftpflicht des Uebernehmers herangezogen worden und mit Rücksicht auf die Worte:

---

1) Deshalb setzt Baron: diligentia exactissima im Archiv für zivilistische Praxis Bd. 52 S. 44 ff anstelle von culpa custodia. Vgl. aber unten S. 37 Anm. 1.

2) Rang S. 56.

3) Vgl. zivilistische Konstruktion S. 47, 48.

si culpa caret, non teneri ait als Beweis dafür erachtet, dass nur im Fall der eigenen culpa der conductor zugleich für seine Gehilfen verantwortlich sei. Unsere Stelle verbietet jedoch eine derartige Schlussfolgerung um deswillen, weil sie gar nicht von Gehilfen, sondern von Substituten handelt. Ein Schiffer hat den Transport von Waren nach Minturnä übernommen, ist indes nicht in der Lage, denselben vollständig auszuführen, da der flumen Minturnense sein Seeschiff nicht aufzunehmen vermag. Wie sich aus den einen Notfall voraussetzenden Worten: navis ea subire non „posset" mit Sicherheit entnehmen lässt, merkt er selbst erst zu spät, dass er mit seinem Schiff nicht bis ans Endziel gelangen kann. Unter diesen Umständen bleibt ihm, um die Interessen des Bestellers zu wahren, nichts übrig, als die Weiterbeförderung der Güter einem anderen Schiffer zu übertragen; er haftet dann, weil die Substitution durch die Dringlichkeit des Falles gerechtfertigt wird, nur für culpa in eligendo. Für eine solche Auslegung der l. 13 § 1 cit. spricht auch die Erwähnung des Uebernehmers als „primus" navicularius, eine Bezeichnung, welche die selbständige Stellung des zweiten Schiffers zum Ausdruck bringt und Gehilfen gegenüber völlig unzulässig gewesen wäre.

Wenn die beiden zuletzt zitierten Quellenzeugnisse der Haftung des Uebernehmers für die Handlungen seiner Gehilfen nicht im Wege stehen, die früher erwähnten dieselbe positiv aussprechen, so dürfte der Beweis, dass bereits in Rom eine solche Haftung bestanden habe, hiermit geliefert sein. Indes interessiert an diesem Ort noch das Resultat neuerer, von Lehmann in der Zeitschrift für Rechtsgeschichte [1]) niedergelegter Forschungen, welche ergeben, dass im Anschluss an die weitgehende gesetzlich fixierte Haftung des nauta ex recepto allmählich die Haftung auch anderer, wenn nicht aller conductores operis, für technische custodia, sich eingebürgert und bereits zu Gaius Zeit als feststehend gegolten habe. Quellenmässig nachgewiesen ist eine solche

---

1) N. F. IX 2 R. A. 1. S. 118.

Verantwortlichkeit für den Landtransport und die Geschäfte der kleinen Gewerbetreibenden, als deren Typen die Römer den fullo und sarcinator aufstellen.

Dass das Ergebnis der Lehmannschen Untersuchung, weil auf eine Steigerung der Pflichten des conductor operis hinauslaufend, auch für unsere Frage Bedeutung hat, unterliegt keinem Zweifel. Nur müssen wir uns darüber klar werden, in welchem Verhältnis die Haftung für custodia zur Haftung für die Handlungen der Gehilfen steht, da es ungewiss sein kann, ob — und inwieweit — in der Verpflichtung des conductor operis, custodiam zu prästieren, die Verantwortlichkeit für die Gehilfen implicite enthalten ist, oder ob das custodiam praestare einen diese Annahme ausschliessenden Inhalt habe.

Erachtet man freilich mit der herrschenden Ansicht die Verpflichtung zur Prästierung der technischen custodia als identisch mit der — nur in vis maior eine Grenze findenden — Haftung für casus, so lässt sich das fragliche Verhältnis einfach dahin bestimmen: die Verantwortlichkeit des römischen conductor operis ist — unter einer später anzuführenden Einschränkung [1]) — allmählich in der allgemeineren Haftung für custodia aufgegangen, sodass die eine Haftung für die Gehilfen aussprechenden Quellenzeugnisse lediglich als residuum des früheren Rechtszustandes erscheinen. Es würde sich daran für die herrschende Lehre die weitere Frage zu knüpfen haben, ob, abgesehen von den besonderen Bestimmungen des edictum nautarum, das Institut der technischen custodia gemeinrechtlich rezipiert ist, und, falls diese Frage verneint werden muss — was wir annehmen möchten [2]) —, das Resultat ergeben, dass die von

---

1) Unten S. 37 Anm. 2.

2) Wenigstens wenn wir den Standpunkt vertreten, dass das römische Recht nicht in complexu, sondern soweit es in der Praxis angewandt werde, rezipiert sei. Dernburg Pand. I. S. 10. Uebrigens hat eine Untersuchung hierüber für uns kein Interesse, weil wir mit der Ansicht der herrschenden Lehre bezüglich des Begriffes der custodia nicht einverstanden sind.

der Haftung für die Gehilfen handelnden Quellenstellen für das gemeine Recht praktische Geltung beanspruchen dürfen. Stimmen wir nun zwar mit dem Ergebnis jenes Gedankenganges überein, so vermögen wir doch den ihm zu Grunde liegenden Begriff der custodia — und die unmittelbar aus demselben hergeleiteten Konsequenzen — nicht zu billigen, da wir nicht begreifen, wie das Wort: „custodire" sich allgemein zu einem „Haften für casus" hat entwickeln können. Vielmehr möchten wir uns einer Auffassung anschliessen, wie sie bereits von Brinz angedeutet [1]) und neuerdings in einer eingehenden — von der Universität München preisgekrönten — Abhandlung von Bruckner [2]) folgerecht durchgeführt ist, und gestützt auf die Brucknerschen Ausführungen behaupten, dass custodia in den Quellen niemals etwas anderes als „Bewachung" bedeutet, sondern sich nur dadurch zu einer technischen Bezeichnung herausgebildet hat, dass man an die Bewachungspflicht des Kustodienten nicht mehr einen subjektiven Massstab anlegte, sondern den Gegenstand der Verpflichtung desselben in die Herbeiführung eines objektiven Erfolges setzte. Dieser objektive Erfolg soll auf Grund unzweideutiger Quellenstellen in dem Schutz der zu bewachenden Sache — ursprünglich bloss gegen Diebstahlsgefahr, später allgemein — gegen Detentionsverluste, die Verpflichtung des Kustodienten daher in der unbedingten nur in vis major endigenden Haftung für Detentionsverluste bestanden haben.

Wenden wir das gewonnene Resultat auf die Werkverdingung an, so erfahren wir, dass in der Haftung des conductor operis für custodia nur die Verpflichtung liegt, unbedingt Schadensersatz zu leisten, falls die ihm zur Bear-

---

1) Pandekten § 269.
2) Bruckner a. a. O. S. 129 ff. Bruckner bestätigt — S. 143, 144 — zugleich das factum, „dass" jeder conductor operis für custodia hafte, hält dies aber nicht für eine positiv rechtliche Bestimmung, sondern für eine Folge des von ihm gefundenen Satzes, dass „jeder, welcher im Bewahren einer Sache omnis culpa prästiere, in Bezug auf Diebstahl zur custodia verpflichtet sei."

beitung übergebene¹) Sache abhanden kommt: wir erfahren aber nicht, dass „jeder" das herzustellende opus betreffende casus vom Uebernehmer getragen werden muss. Demzufolge hat das Ergebnis der Brucknerschen Arbeit für unsere Frage nur in dem Fall Bedeutung, wenn der Gehilfe das ihm zwecks Bearbeitung überwiesene Material des Bestellers stiehlt oder sonst abhanden bringt — hier erscheint also die Haftung des Uebernehmers für seine Gehilfen besonders beglaubigt —; für alle anderen Handlungen der Gehilfen, bezw. die Frage, ob und inwieweit der Herr für dieselben verantwortlich sei, sind wir dagegen unmittelbar auf die oben erwähnten Quellenzeugnisse verwiesen.

§ 7.
Gemeines Recht.

Die entwickelten Grundsätze sind römisches Recht; dass sie auch lex lata für das gemeine Recht bilden, steht ausser Zweifel, wenn man annimmt, dass das römische Recht in complexu rezipiert sei. Aber selbst wenn wir den entgegengesetzten Standpunkt vertreten, müssen wir diejenigen Quellenentscheidungen, welche die Verantwortlichkeit des Uebernehmers für seine Gehilfen aussprechen, als unmittelbar verbindliches Recht ansehen, weil unsere deutschen Gewohnheiten der Anwendbarkeit derselben nicht nur nicht entgegenstehen — ein Umstand, der an sich schon die Geltung der römischen Normen begründen würde, — sondern den in ihnen liegenden Gedanken selbst ihr eigen nennen und in ihren Rechtsbüchern zum Ausdruck gebracht haben.

Ist es doch deutsches Herkommen,²) dass der Handwerker, welcher den ihm zur Bearbeitung eingehändigten Stoff sei-

---

1) Custodia setzt voraus, dass die zu bewachende Sache aus den Händen des Eigentümers in die des Kustodienten übergeht, ist also nicht anwendbar, wenn der Uebernehmer den Arbeitsstoff liefert, abgesehen davon, dass die Römer dann überhaupt nicht von Werkmiete sondern von Kauf sprechen. Bruckner S. 220.

2) Stobbe, Deutsches Privatrecht III. § 201.

nem Gesellen übergiebt, dafür einsteht, wenn dieser etwas davon entwendet; dass der Fuhrmann die Güter zu ersetzen hat, welche durch Schuld seines Knechtes verloren oder beschädigt sind, ja hier bricht sich schon allmählich die Auffassung Bahn, dass die Ersatzpflicht des Herrn auch durch solche Handlungen der Gehilfen begründet werde, die an sich keinen schuldhaften Charakter tragen. Wenn demnach römische und deutsche Anschauungen bezüglich unserer Frage Hand in Hand gehen, so erklärt es sich, dass das Reichsoberhandelsgericht und später das Reichsgericht die derzeitige Geltungskraft der römischen Quellenzeugnisse als selbstverständlich voraussetzen und in ihren oben erwähnten Entscheidungen ohne weiteres auf ihnen fussen.

Aber unser heutiges Recht enthält die rezipierten römischen Grundsätze nicht allein als gewohnheitsrechtliche Normen; es hat dieselben auch, soweit auf dem Gebiete des Privatrechts bisher Kodifikationen erfolgt sind, in gesetzlicher Form reproduziert. So erkennt das deutsche Handelsgesetzbuch in Art. 400 die unbedingte Verantwortlichkeit des Frachtführers für seine Leute und alle diejenigen, quorum opera utitur — nach dem Wortlaut der l. 25 § 7 locati —, ausdrücklich an, und es identifiziert Art. 424 die culpa, Art. 427 den dolus der Gehilfen mit der culpa bezw. dem dolus der Eisenbahnverwaltung selbst. Auch aus Art. 380 können wir, wenigstens e contrario, ein Argument für die Haftung des conductor bezüglich seiner Gehilfen entnehmen. Dort werden nämlich nur Frachtführer Schiffer, Zwischenspediteure als diejenigen Personen erwähnt, rücksichtlich welcher der Spediteur bloss für culpa in eligendo einzustehen braucht — und zwar aus dem einfachen Grunde, weil sein Geschäft nicht darin besteht, Güterversendungen selbst auszuführen, sondern nur besorgen zu „lassen", d. h. geeignete Leute dazu auszusuchen [1]) — während von denjenigen Hilfspersonen, deren sich der Spediteur innerhalb seines Gewerbebetriebes zur Ausführ-

---

1) Vgl. Jhering, Schuldm. S. 47.

ung „seiner" Verrichtungen, also der Auswahl der Frachtführer, der Empfangnahme und Verpackung des Gutes bedient, keine Rede ist. Um deswillen hat das Reichsgericht am 14. Juni 1882 [1]) einen Spediteur dafür haftbar gemacht, dass sein Gehilfe eine Sendung Apfelsinen schlecht verpackt hatte, weil die Verpackung zu den dem Spediteur obliegenden Geschäften gehört. Waren die bisher angeführten Bestimmungen des H. G. B. Ausfluss der Uebereinstimmung des römischen und deutschen Rechtsbewusstseins, so verdanken manche andere ausschliesslich römischen Gedanken ihren Ursprung, vielleicht als Folge eines zwischen römischen und deutschen Auffassungen entbrannten und zu Gunsten der ersteren entschiedenen Kampfes. Wenigstens brauchte nach deutschem Seerecht des Mittelalters der Rheder nicht für die Schuld des Schiffers und seiner Leute einstehen,[2]) während Art. 451 H. G. B. eine solche Verantwortlichkeit ausdrücklich hervorhebt.

Damit sind jedoch die Anwendungsfälle, welche das moderne Recht bezüglich der Haftung des conductor für seine Gehilfen kennt, noch nicht ganz erschöpft. U. a. gehört hierher § 2 des Reichshaftpflichtgesetzes vom 7. Juni 1871, insofern als er die Verantwortlichkeit für Verschuldungen einer besonderen Klasse von Gehilfen als Prinzip aufstellt. Weil er indes weniger wertvoll für den Beweis, „dass" die Verantwortlichkeit des Uebernehmers in unserm Recht existiert, als vielmehr dafür ist, in welchem Umfang sie besteht, so versparen wir uns seine Betrachtung für später. Dagegen bedürfen diejenigen Spezialgesetze, welche dem conductor eine Haftung bis zur höheren Gewalt auferlegen — mögen auch sie vorwiegend wegen des Umfangs der statuierten Haftpflicht interessant sein — an diesem Orte schon der Erwähnung, weil es sich fragt, ob in der Haftung bis zur vis major die Verantwortlichkeit für die

---

1) Seufferts Archiv N. F. VIII. no. 20.
2) Vgl. Goldschmidt in seiner Zeitschrift Bd. III. S. 841.

Gehilfen ein für alle Mal inbegriffen ist [1]) oder ob die Handlungen der Gehilfen unter Umständen sich nicht selbst als höhere Gewalt für den Uebernehmer darstellen können. Diese Frage besitzt um so grössere praktische Bedeutung, als sedes materiae der wichtige § 1 des Reichshaftpflichtgesetzes bildet. [2]) Und wir werden sie allerdings im Sinne der zweiten Alternative entscheiden müssen. Zwar wird in den weitaus meisten Fällen das Verschulden der Gehilfen keine vis maior für den Unternehmer sein; würde denn aber die Sache nicht anders liegen, wenn ein allgemeiner Aufstand der Eisenbahnarbeiter, der trotz der umsichtigsten Schutzvorrichtungen seitens der Eisenbahnverwaltung nicht abzuwenden war und einmal im Entstehen begriffen, überhaupt nicht mehr gehemmt werden konnte, schwere Verletzungen von Personen zur Folge gehabt hat? Ein Gegenargument wird man aus dem überaus bestrittenen Begriff der vis maior gewiss nicht entnehmen dürfen. Uebrigens kann die Frage auf Grund des Art. 395 H. G. B. auch für den Frachtführer praktisch bedeutungsvoll werden, wofern man nämlich den sehr allgemein gehaltenen Art. 400, wie es viele als Sinn des Gesetzgebers erachten, auf Vertragsverletzungen beschränkt.

II. Zivilistische Konstruktion der Haftung.

§ 8.
Die allgemeineren Theorieen.

Die vorstehende Uebersicht über die historische Rechtsentwickelung hat zur Genüge gezeigt, dass die Haftung des Werkunternehmers für seine Gehilfen, im römischen Recht schon deutlich ausgeprägt, dem altdeutschen Recht in einzelnen Anwendungen bekannt, ein fester Grundsatz unseres

---

1) So Dernburg, preuss. Privatrecht II. § 68 a. E.
2) Nach römischem Recht gehören hierher die Fälle der Haftung für custodia, falls man mit der herrschenden Ansicht den Begriff der custodia als „Haftung für casus bis zur vis maior" nimmt.

modernen Rechtes geworden ist. Sollte das aber nicht einen juristischen Grund haben oder wenigstens nicht juristisch zu rechtfertigen sein? Es ist doch die Pflicht der Rechtswissenschaft, die gegebenen Sätze des positiven Rechts auf ihren tieferen Sinn hin zu prüfen, den in ihnen liegenden Gedanken und dessen ratio iuris zu erforschen, um dadurch zugleich zu einer richtigeren Auffassung und de lege ferenda zu einer besseren Ausgestaltung der einzelnen Bestimmungen beizutragen! Und allerdings sind auch behufs Rechtfertigung der Haftung des Uebernehmers von seiten der Juristen verschiedene Begründungen versucht worden, die sämtlich ihr Ziel scharf im Auge behalten, mögen sie auch im einzelnen noch so getrennte Wege eingeschlagen haben. Ein Blick auf dieselben lässt uns hauptsächlich zwei Strömungen bemerken, deren eine die Haftung des conductor operis unmittelbar dem Charakter des Werkvertrages entnimmt, während die andere sie schon aus allgemeinen Rechtsgrundsätzen herleiten zu können glaubt.

Was die letztgenannte Richtung anlangt, so steht sie zum grossen Teil unter dem Einfluss der auf freier Auffassung des Schuldbegriffes beruhenden Veranlassungstheorie,[1]) die zwar nicht formell, jedoch thatsächlich im französischen, teilweise auch im englisch-amerikanischen Recht zur Geltung gekommen ist. Darnach soll der Uebernehmer für die Handlungen seiner Gehilfen aus dem Grunde haften, weil er durch die Anstellung der Gehilfen wenigstens indirekt — per eum stetit quominus . . . — den Anstoss zu der durch sie herbeigeführten Beschädigung gegeben hat. Es ist leicht zu erkennen, dass die Tragweite dieses Satzes bedeutend über die Haftung ex locato, ja sogar bedeutend über jede kontraktliche Haftung hinaus sich erstreckt, und ebenso, dass der Satz in solcher Allgemeinheit ausge-

---

1) Dreyer, Gutachten zum Juristentage. Verhandl. I. S. 97. Vgl. Rang S. 65. Mataja S. 41 sagt: Der Unternehmer hafte, weil er das Unternehmen in Betrieb gesetzt habe.

sprochen, unhaltbar ist, weil er strikt durchgeführt, unleidliche Konsequenzen nach sich ziehen würde. Andrerseits lässt sich aber nicht leugnen, dass der in ihm liegende Gedanke weder den Römern¹) ganz unbekannt geblieben noch unserem deutschen Rechtsbewusstsein fremd ist, weil ihn kein Rechtssystem vollständig entbehren kann, sondern jedes zur Ausfüllung von Lücken gewisse Rechtswirkungen lediglich an die Veranlassung knüpfen muss. Freilich ist es schwer, in abstracto eine feste Grenze zu finden, bis zu welcher man die Haftung auch auf Grund blosser Veranlassung statuieren solle — und daraus erklärt sich auch die zeitweilig sehr schwankende französische Praxis —; wo aber wie bei der Verantwortlichkeit des Uebernehmers eine objektive Beschränkung auf die kontraktlich fehlerhaften Handlungen der Gehilfen von selbst gegeben ist, da können wir die Veranlassung als Grund der Haftung des Uebernehmers ruhig gelten lassen. Denn es ist doch gewiss nicht unjuristisch, dass von zwei Kontrahenten, die beide inbezug auf ein eingetretenes schädigendes Ereignis ohne jede Verschuldung sind, derjenige den Schaden trägt, welcher der Anlass zu dessen Entstehung oder, wie wir auch sagen, daran „schuld"²) in diesem Sinne gewesen ist.³)

---

1) Vgl. die von Dreyer a. a. O. zitierten Quellenzeugnisse.
2) von Bar, zur Lehre von der culpa und dem Kausalzusammenhang in Grünhuts Zeitschrift für das Privat- und öffentliche Recht der Gegenwart. Bd. IV. (S. 21 ff) S. 52. 53.
3) Derselbe Gedanke ist auch dahin formuliert, dass der Uebernehmer obwohl sine culpa doch ersatzpflichtig sei, weil der Besteller noch viel unschuldiger sei, als er. Rang a. a. O. S. 71. Der hiergegen erhobene Einwand (Planck Arch. f. zivil. Praxis Bd. 75 S. 396), dass es keine Grade der Unschuld geben könne, trifft nicht zu, denn zwischen demjenigen, dessen Verhalten für einen Erfolg kausal gewesen ist, wenn ihm auch dasselbe nicht gerade zur Schuld angerechnet werden kann, und demjenigen, bei dem auch ersteres nicht zutrifft, besteht immerhin ein Unterschied. Gegen Unger ferner, welcher a. a. O. S. 365 Anm. 2 davon ausgeht, dass im Fall der Schuldlosigkeit beider Kontrahenten ein besonderer Grund, weshalb der eine dem andern die Schadenslast abnehmen müsse, erfordert sei, und seinerseits unter-

Weniger können wir uns mit denjenigen Ansichten[1]) einverstanden erklären, welche den Grund der Verantwortlichkeit des conductor für seine Gehilfen in einer denselben erteilten Vollmacht suchen und sich darauf stützen, dass der Arbeiter in Ausübung seiner Thätigkeit als Stellvertreter des Prinzipals gehandelt habe. Trifft schon das letztere gar nicht zu, weil in vielen Fällen der Herr die dem Gehilfen obliegenden Geschäfte überhaupt nicht thun „kann" oder nicht thun „soll", der Arbeiter also bei deren Verrichtung nichts weniger als loco domini handelt, so scheitert die ganze Theorie daran, dass eine Vollmacht nur auf Rechtsgeschäfte, nicht aber auf alle beliebigen, zum mindesten nicht auf schuldhafte Handlungen Anwendung findet und dass ein Vollmachtgeber, wenn er seinen Kontrahenten benachrichtigt, die erteilte Vollmacht jederzeit einseitig einschränken darf. Uebrigens würde auch diese Begründung, wenn sie richtig wäre, über die Haftung aus der locatio conductio operis erheblich hinausgehen.

Die Kausalitäts- und Vollmachtstheorie sind freilich nicht die einzigen, welche eine Haftung des Uebernehmers aus allgemeinen Rechtsgrundsätzen herleiten, vielmehr müssen wir der Vollständigkeit halber noch zwei andere Theorieen kurz berühren, obschon sie an dieser Stelle, wo es sich um die juristische Begründung eines Rechtssatzes handelt, unseres Erachtens strenggenommen keine Berücksichtigung verdienten. Es sind die sog. „Ubbelohdesche Assekuranztheorie" und die in neuerer Zeit vertretene Theorie des „Handelns auf eigene Gefahr."

Was die Ubbelohdesche Theorie[2]) betrifft, so unterscheidet sie zwischen Kaufleuten und Nichtkaufleuten und

---

stellt, dass ein solcher Grund auf Seiten des Uebernehmers oder Bestellers regelmässig nicht existiere, wenden wir ein, dass grade die „Veranlassung" als solcher besonderer Grund angesehen werden kann.

1) Dreyer, a. a. O. S. 95.
2) Ubbelohde Archiv S. 243 ff. Vgl. v. Bar a. a. O. S. 72, Burchardi a. a. O. S. 10.

macht Kaufleute für die Handlungen ihrer Gehilfen verantwortlich, andere Schuldner aber nicht. Grund für diese Unterscheidung soll der Umstand sein, dass Kaufleute in der Lage wären, sich behufs Ausgleichung des durch die Haftung für die Gehilfen eventuell entstehenden Schadens eine Assekuranzprämie zu sichern. So richtig und praktisch zutreffend der Gedanke, welcher Ubbelohde zu einer solchen Trennung der Kaufleute und Nichtkaufleute bewogen hat, in vielen Fällen sein mag, so wenig können wir ihn zur Begründung unserer Haftung verwerten, da ja die Möglichkeit, sich durch eine Prämie gegen die Handlungen der Gehilfen zu schützen, nicht einen juristischen Grund für die Haftung des Uebernehmers bildet, sondern höchstens ein für den Gesetzgeber zu beachtendes Moment. Aber auch legislativ würde vom Gesichtspunkt der Assekuranzprämie aus die Statuierung der Verantwortlichkeit des Uebernehmers nur dann empfehlenswert sein, wenn in concreto nachgewiesen wäre, „dass" der betreffende Kaufmann sich thatsächlich einen Unternehmergewinn gesichert habe, während andrerseits der Gesetzgeber es nicht umgehen könnte, die Haftpflicht auf diejenigen Nichtkaufleute auszudehnen, welche sich im einzelnen Fall durch eine solche Prämie schadlos halten. Damit ergäbe sich aber die Hinfälligkeit der Ubbelohdeschen Unterscheidung von selbst. Deshalb entwickelt auch Laband, wie wir aus Ungers Abhandlung ersehen, den Ubbelohdeschen Gedanken ganz allgemein dahin: „Wer den Unternehmergewinn hat, muss auch das Unternehmerrisiko tragen", ein Satz, gegen dessen legislative Brauchbarkeit sich dann nur noch einwenden lässt, dass er für diejenigen Fälle, wo sich der Unternehmer keine Prämie sichert oder sichern kann, unzulänglich ist, da der Verkehr eine Verantwortlichkeit aller Werkunternehmer gebieterisch verlangt. Das Gesagte mag über die Assekuranztheorie genügen, umsomehr als Ubbelohde dieselbe neuerdings selbst zurückgenommen hat.[1]

---

[1] Glücks Kommentar. Serie der Bücher 43 und 44. I. S. 415, Anm. 71 a. E.

In mancher Hinsicht verwandt mit der eben erwähnten ist eine in neuerer Zeit von Unger [1]) vertretene Theorie, da auch sie dem Schaden, welcher aus der Zuziehung der Gehilfen für den Uebernehmer eventuell erwachsen kann, gewisse Vorteile als Aequivalente entgegensetzt. Nur stützt sich die Theorie auf Vorteile von etwas realerer Natur, als sie die Assekuranztheorie in die Wagschale wirft, da nicht schon die Möglichkeit, sich schadlos zu halten, sondern der Gewinn selbst, welchen das korrekte Verhalten des Gehilfen dem Uebernehmer einbringt, nämlich die Erfüllung oder leichtere Erfüllung der dem Uebernehmer obliegenden Verbindlichkeit als Ausgleichung des durch die Verantwortlichkeit für die Gehilfen entstehenden Schadens angesehen wird. Indes vermögen wir auch die Ungersche Theorie nicht als sachgemässe Begründung unserer Haftung gelten zu lassen. Zwar erkennen wir die Richtigkeit des von Unger vorangestellten, ihm als Grundlage seiner Erörterungen dienenden Satzes unumwunden an; wir geben zu, dass der Uebernehmer die Auswahl der Gehilfen für sich, für sein Geschäft, in seiner Angelegenheit trifft, dass er deshalb die rechten Leute wählen müsse; wir meinen auch, dass es nicht mehr wie billig wäre, [2]) „wenn" er die Gehilfen, welche er im eigenen Interesse verwendet, auch auf eigene Gefahr verwendete; wir wissen aber ja vorderhand noch gar nicht, „dass" er für die Gehilfen haftet, sondern sollen dies erst beweisen und dürfen doch gewiss nicht daraus, dass jemand tüchtige Leute „wählen" solle, folgern, dass deren schuldhaftes Handeln ihm schlechthin zum Nachteil ausschlage, selbst wenn er diligens in eligendo gewesen ist. Den Satz, dass der Schuldner, welcher sich der Hilfe dritter bei Bewirkung der ihm obliegenden Leistung bedient, zu seinem Nutzen und folgeweise auf seine Gefahr handele, konnten die Motive zum Entwurf

---

1) Unger a. a. O. S. 389. 390.
2) und den Anschauungen des Volkes entsprechend. Vgl. oben S. 15, Anm. 2.

eines deutschen bürgerlichen Gesetzbuches [1]), auf welche sich Unger beruft, wohl aufstellen, da sie nur nötig hatten, den § 224 des Entwurfes legislativ durch Gründe des Verkehrsbedürfnisses und der Billigkeit zu rechtfertigen. Er kann aber nicht zugleich, wie Unger vermeint, als „wahrer Grund" für die Haftung des Uebernehmers erachtet werden, weil es keineswegs ein im Recht feststehender Grundsatz ist, dass wer im eignen Interesse handelt, auch auf eigene Gefahr handeln müsse.

Damit haben wir diejenigen Theorieen, welche allgemein die Haftpflicht der Kontraktschuldner für ihre Gehilfen zu begründen suchten, und deshalb die Verantwortlichkeit der Werkunternehmer nicht besonders zu entwickeln brauchten, im wesentlichen erschöpft.

§ 9.
Die nur auf die Werkverdingung bezüglichen Theorieen.

Es soll nun im folgenden untersucht werden, welche Wege man eingeschlagen hat, um aus der Werkverdingung selbst die Haftung des Uebernehmers herzuleiten. Gehen wir behufs dessen von dem Inhalt des Vertrages aus.

Soweit die locatio conductio operis sich nicht bloss als ein Anwendungsfall der locatio conductio operarum darstellt, kann man ihr Begriffsmerkmal darin finden, dass sie nicht eine einzelne Leistung oder mehrere einzelne Leistungen, sondern ein Arbeitsresultat, ein ἀποτέλεσμα, als Erfolg der Bemühungen des conductor zum Gegenstand hat. Wird nun dieses Ergebnis infolge einer culpa der Gehilfen nicht oder nicht ordnungsmässig herbeigeführt, so ergiebt sich konsequent die Verantwortlichkeit des Uebernehmers, weil er seiner Verbindlichkeit, das opus kontraktgemäss herzustellen, nicht nachgekommen ist. Diese Begründung [2]) scheint einfach und logisch; für sie spricht auch der bei der Genauigkeit der römischen Ausdrucksweise gewiss zu beachtende Umstand, dass bei Formulierung der

---
1) Motive II S. 30.
2) Burchardi, a. a. O. S. 145, 146. Leonhard, Gutachten in Verhandlungen zum Juristentag I. S. 341; vgl. auch Verhandlungen II. S. 99.

von den römischen conductores operis übernommenen Verpflichtungen die Anwendung der Passivkonstruktion üblich war. Trotzdem ist dieselbe durchaus unzureichend. Zunächst deckt sie gar nicht einmal das Gebiet unserer Frage, da sie alle diejenigen Fälle ausser Betracht lässt, in denen die Verschuldung der Gehülfen einer fehlerfreien Vollendung des opus selbst nicht im Wege steht, so wenn die Gehülfen die ihnen zwecks Ausführung des Werkes überwiesenen Gegenstände oder in Ausübung ihrer Thätigkeit andere Gegenstände beschädigt haben. Sodann aber verkennt sie, dass von ihrem Gesichtspunkt des objektiven Erfolges aus der Bestand der Obligation auch durch äussere Ereignisse nicht berührt und deshalb der Schuldner, wenn er, gleichviel aus welchem Grunde, nicht kontraktgemäss leistete, unter allen Umständen mindestens zum Schadensersatz verpflichtet werden würde, eine Annahme, welcher, abgesehen von sonstigen Bedenken, schon der als Rechtsaxiom geltende Satz, dass casus a nullo praestantur, direkt zuwiderliefe. Freilich liesse sich dagegen einwenden, dass der Zufall immer besonderen Grundsätzen unterworfen sei und für diesen der conductor nicht zu haften brauche; sind denn aber die Handlungen der Gehülfen für den Schuldner etwas anderes als casus[1])?

Solche oder ähnliche Erwägungen mögen wohl die Veranlassung gewesen sein, dass man in neuerer Zeit dem Inhalt der locatio conductio operis energisch zu Leibe ging und nicht sowohl in das objektive Endresultat, als vielmehr in eine „abstrakte, persönlich nicht bestimmte Leistung" den Gegenstand der Verpflichtung des Uebernehmers setzte[2]). Und in der That werden durch eine derartige Modifikation die Schwächen der Erfolgstheorie zum Teil vermieden. Weil nämlich der Schuldner nicht schlechthin den Erfolg verspricht, fordert die Konsequenz auch nicht eine Haftung für casus, weil er andrerseits doch soviel verspricht, dass er „oder ein unbestimmter Dritter" alles, was zur ordnungsmässigen

---

1) Vgl. aber unten S. 47.
2) Enneccerus in seinem Referat. Verh. II. S. 104. Vgl. gegen Enneccerus: Rang S. 8 ff.

Herbeiführung desselben erforderlich ist, thun werde, haftet er ex locato für die Handlungen seiner Gehilfen, da er deren Diligenz unmittelbar zugesagt hat. Nichtsdestoweniger ist auch diese Begründung unzureichend, weil sie, ebenso wie die Erfolgstheorie nicht alle Beschädigungen umfasst, und man könnte sie sogar für juristisch bedenklich halten. Sie geht nämlich davon aus, dass, „wer eigene Leistung schuldet, eigene Diligenz schulde; wer die Leistung eines unbestimmten Dritten schuldet, für die diligentia des von ihm auszuwählenden Dritten einstehen müsse" und zieht daraus den Schluss, dass, wenn der conductor die Leistung durch den Gehilfen vornehmen lasse, er entsprechend für dessen Diligenz hafte. Ist denn aber die Voraussetzung richtig, „dass" der Uebernehmer die Leistung, d. h. die Erfüllung der Obligation durch den Rechtsakt der solutio ohne weiteres dem Gehilfen übertragen und sich selbst nur darauf beschränken könne, für dessen Diligenz zu bürgen? Soll der Uebernehmer nicht „selbst" aus der Werkverdingung erfüllen, und ihm nicht einzig und allein eine faktische Unterstützung seitens seiner Gehilfen bei seiner Thätigkeit gestattet sein? Schuldet er daher nicht bloss eigene Diligenz, weil er nur eigene Leistung schuldet[1])? Gesetzt aber den Fall, es sei ihm vertragsmässig erlaubt, die ihm obliegende Verpflichtung auf seine Gehilfen zu übertragen, dann wären diese, wie früher gezeigt, in Erfüllung der Obligation doch keine „Gehilfen", sondern durchaus selbständige Substituten, und darum die Frage, inwieweit der Schuldner rücksichtlich dieser besondere Verbindlichkeiten übernommen habe, für unser Thema bedeutungslos.

Wir sehen also, dass auch mit der auf dem Versprechen einer abstrakten Leistung ruhenden Begründung schwerlich das Richtige getroffen ist und werden deshalb den Inhalt der locatio conductio operis, als auf ein Arbeitsresultat gerichtet, wohl unangefochten lassen müssen, um so mehr als das römische Recht und die Autorität des Reichsoberhandelsgerichts[2]) sich unzweideutig in diesem Sinne ausgesprochen

---
1) So auch Windsch. II. § 401 Anm. 5.
2) In dem oben erwähnten Erkenntnis.

haben. Nur soviel ist richtig, dass wir den Inhalt des Vertrages nicht ohne weiteres zur Rechtfertigung unserer Haftung verwerten können, weil gemäss dem früher Gesagten einer bezüglichen sachgemässen Begründung erhebliche Schwierigkeiten entgegenstehen. Allerdings hoffen wir, durch die folgende Darstellung wenigstens eine derselben zu beseitigen.

§ 10.
Eigene Konstruktion. Ergebnis.

Angesichts der seitherigen unbefriedigenden Ergebnisse empfiehlt es sich, behufs Konstruierung der Haftung von dem Gegenstand der Obligation vollständig abzusehen und vielmehr gleich auf die Subjekte des Werkvertrages sowie die rechtliche Stellung der Gehilfen unser Augenmerk zu richten.

Da Kontrahenten bei einer Werkverdingung nur Besteller und Uebernehmer sind, demzufolge der Abschluss des Vertrages einzig und allein zwischen ihnen Rechte und Verbindlichkeiten begründet, so trägt der Werkmeister die alleinige Verantwortlichkeit für eine korrekte, kontraktgemässe Leistung, weil er die Werkverdingung übernommen und dadurch seine Fähigkeit, alle Ansprüche des Bestellers rücksichtlich des herzustellenden opus zu befriedigen, kundgethan hat. Verwendet er daher zu seiner Unterstützung bei Ausführung der Arbeit Gehilfen, so ist das eine rein private Angelegenheit, deretwegen er sich mit den Gehilfen auseinandersetzen muss; dem Besteller können daraus weder Rechte noch Pflichten erwachsen, da er ja zu den Gehilfen in keinerlei rechtliche Beziehungen getreten ist. Wenn nun aber der Gehilfe nicht nur an der Herstellung des opus teilnimmt, sondern in vielen Fällen sogar es thatsächlich ganz allein ausführt, wenn ferner durch seine Ausführung die aus der Werkverdingung herrührende Verbindlichkeit des Uebernehmers getilgt wird, wie ist dann die Thätigkeit des Gehilfen juristisch zu charakterisieren? Nur so, dass sie in Beziehung auf das zwischen Uebernehmer und Besteller bestehende

Rechtsverhältnis lediglich eine Erweiterung der Leistungsfähigkeit des Uebernehmers bildet — indem sie ihn instand setzt, ein opus, dem er mit eigener Kraft oder Geschicklichkeit nicht gewachsen wäre, zu übernehmen —, dass sie deshalb mit der Thätigkeit des Uebernehmers identifiziert werden muss[1]). Sind demnach alle Handlungen des Gehilfen rechtlich als Handlungen des Uebernehmers anzusehen, so ist es nur logisch, auch das Verschulden des Gehilfen mit demjenigen des Uebernehmers zu identifizieren und aus diesem Grunde dem Uebernehmer die unbedingte Haftung für die Handlungen seiner Gehilfen aufzuerlegen. Damit wäre zugleich ein für die Erfolgstheorie beachtenswertes Resultat gewonnen, insofern als man nunmehr zwischen Handlungen der Gehilfen und äusseren, den Besteller schädigenden Ereignissen einen rechtlichen Unterschied machen müsste und nur die letzteren nach den Grundsätzen über casus beurteilen dürfte.

Diese aus der rechtlichen Stellung der Gehilfen entnommene Konstruktion der Haftung steht, wie schon bei Interpretation der l. 10, 11 commodati 13, 6 angedeutet,

---

1) Insoweit, aber auch nur insoweit, stimmen wir mit Schreiber, der Arbeitsvertrag nach österreichischem Privatrecht Wien 1887. S. 67. 68. 70 überein. Wenn Schreiber — vgl. auch Burchardi S. 93, 94 — weiter sagt, dass der Unternehmer den Gehilfen wie ein Werkzeug auf eigene Gefahr wähle, so erwidert Unger S. 386 Anm. 67 mit Recht, »dass einerseits ein willensbegabter, selbstthätiger Gehilfe nicht dem mechanischen Werkzeug gleichgestellt werden dürfe — vgl. Leonhard, Verhandlungen I S. 383 —, andrerseits der Uebernehmer das Werkzeug gar nicht schlechthin auf seine Gefahr wähle, sondern bezüglich desselben nur für Verschuldung in Auswahl und Handhabung hafte«. Aber selbst wenn der Meister für das Werkzeug unbedingt einstände, würde dessen Analogie für den Gehilfen nicht brauchbar sein, weil dann die Konsequenz eine Haftung des Herrn nicht nur für Verschulden des Gehilfen, sondern für jeden den Gehilfen betreffenden casus verlangte. Diese Fehler vermeidet die von uns gegebene Begründung. Denn die Thätigkeit des Gehilfen stellen wir nicht einem leblosen Werkzeug gleich, sondern der eigenen Thätigkeit des Meisters. Daher haftet auch der Meister nicht für einen in der Person des Gehilfen eingetretenen Zufall. Vgl. unten S. 49, 50.

mit den römischen Quellen durchaus in Einklang. In zahlreichen Entscheidungen wird einer Handlung des Gehilfen genau dieselbe Wirkung beigelegt, als ob sie vom Herrn ausgeführt wäre, und besonders bezüglich einer schuldhaften Thätigkeit kein Unterschied gemacht, ob der Herr selbst oder sein Gehilfe deren Urheber ist. So sagt die l. 1 § 2 si mensor 11, 6 [1]): renuntiasse eum accipere debemus — der Herr gilt als Renuntiant des Messungsergebnisses —, qui per alium renuntiavit — wenn er es durch seinen Gehilfen mitteilen lässt —, und die l. 2 eod. rechnet es dem Herrn zum dolus an, dass der Gehilfe dolo malo versatus est [2]). Bezeichnend ist auch die l. 16 § 1 de reivind. 6, 1, die in Form einer Definition: culpa non intellegitur . . ., nisi si minus idoneis hominibus navem commisit, als einen Anwendungsfall der culpa des Herrn die Untüchtigkeit seiner Leute aufstellt. Freilich hat jener Kulpabegriff mit der inneren, nach subjektiven Merkmalen bestimmten Verschuldung nichts zu thun; aber das kann zu seiner Verwerfung nicht ausreichen. Im Gegenteil ist, wie Pernice Labeo [3]) überzeugend dargethan, grade die objektive Auffassung des Schuldbegriffs der Ausgangspunkt einer langen geschichtlichen Entwickelung gewesen: eine Eigentümlichkeit des altrömischen Rechtes, die selbst die veränderten Anschauungen der späteren Zeit niemals ganz zu verdrängen imstande waren. Dass vollends unser deutsches Rechtsbewusstsein an einer freieren Auffassung des Schuldbegriffes keinen Anstoss nimmt, haben wir bereits bei Gelegenheit der Besprechung der Veranlas-

---

1) Dass es den Anschauungen der alten Römer widersprach, den mensor ausdrücklich als conductor operis zu bezeichnen, kommt nicht in Betracht. Später wird er regelmässig zu den conductores operis gerechnet.

2) Abweichend Goldschm. S. 298. Von unstatthafter Substitution kann aber deshalb keine Rede sein, weil der mensor dann für »alle«, nicht bloss dolose Handlungen seiner Substituten einstehen müsste. Dagegen haftet er bezüglich der »Gehilfen« nur für dolus, weil er selbst bloss für dolus verantwortlich ist. L. 1 § 1 h. t.

2) II, 231—260. Vgl. Rang, S. 68. 71. Dieser Schuldbegriff ist nicht weit von der »Veranlassung« entfernt.

sungstheorie genügend hervorgehoben; es mag nur noch, als auf einen lautredenden Zeugen hierfür, auf die Verhandlungen des 17. deutschen Juristentages hingewiesen werden, deren Gesamtüberschau eine entschiedene Neigung der Juristen zu der objektiven Seite der culpa deutlich erkennen lässt.

§ 11.
III. Umfang der Haftung.

Es sind aber nicht allein theoretische Gründe, welche die gegebene zivilistische Konstruktion der Verantwortlichkeit des Uebernehmers als gerechtfertigt erscheinen lassen, auch erhebliche praktische Rücksichten sprechen dafür, sich derselben anzuschliessen. Führt doch nur von unserer Begründung aus eine sichere Brücke zu präziser Feststellung des Umfanges der Haftung.

Weil nämlich, wie oben gezeigt, der Gehilfe das alter ego seines Herrn bildet, und seine Thätigkeit juristisch als Thätigkeit des Herrn betrachtet werden muss, so ergiebt sich von selbst, dass der Uebernehmer genau soweit und in demselben Mass verantwortlich ist, als wenn er thatsächlich anstelle des Gehilfen gehandelt hätte[1]). Daher prästiert er die als der regelmässige Fall von den Quellen fast allein berücksichtigte culpa der Gehilfen wie seine eigene, indem er für Nichterfüllung oder nicht kontraktgemässe Erfüllung nochmalige Erfüllung bezw. das Interesse zu leisten hat, namentlich bei Beschädigung des zu bearbeitenden Materials den daran entstandenen Schaden ersetzen, und falls aus Anlass der Beschädigung eine Leistung unmöglich wird, den besonderen dadurch verursachten Schaden, d. h. das Interesse, welches der Besteller an der Erfüllung gehabt hätte, noch ausserdem vergüten muss. Andrerseits liegt ihm keinerlei Ersatzpflicht ob, wenn die schadenstiftende Handlung dem Gehilfen nicht zur Schuld angerechnet werden kann, sondern, weil dieser mit der höchsten Sorgfalt zu Werke

---
1) Darauf deutet das eorumque der l. 25 § 7. locati.

gegangen ist, den Charakter eines casus trägt. Folgerecht hat er aber auch, falls der Gehilfe doloserweise den Besteller schädigt, die an den dolus geknüpften schwereren Folgen auf sich zu nehmen. Jedoch muss man berücksichtigen, dass es sich nicht um strafrechtliche Nachteile handeln kann und auch nicht um solche zivilrechtliche, welche lediglich dazu bestimmt sind, den Thäter wegen seiner widerrechtlichen Gesinnung zu bestrafen, dass daher, wenn der Geselle eines Schneiders den Stoff stiehlt, der Meister weder ein fur ist, noch nunmehr nach dem Satze: fur semper in mora behandelt werden darf. Und gleiches gilt, wenn schon die kulpose Handlung strafrechtlicher Natur ist oder Folgen strafrechtlichen Charakters, wie etwa die Verwirkung einer Konventionalstrafe[1]), nach sich zieht. Sofern aber reine Ersatzansprüche in Frage stehen, geht die Verantwortlichkeit des Uebernehmers genau soweit, als die Schuld des Gehilfen reicht. Allerdings erleidet auch dieser Satz einige, durch die Natur der Sache gegebene Einschränkungen. Einmal erstreckt er sich nur auf diejenigen Gehilfen, welche in concreto an der Herstellung des opus beteiligt sind; sodann gilt er bloss von Beginn der Arbeit an bis zu deren Vollendung oder Ablieferung, einen Zeitraum, den die l. 25 § 7 locati für den Transport der Säule dahin bestimmt: dum ea tollitur aut portatur aut reponitur. Vor allem aber umfasst er inhaltlich nur diejenigen Handlungen, welche mit dem zwischen Uebernehmer und Besteller geschlossenen Werkvertrag in Beziehung stehen, da nur in Ansehung der Erfüllung bezw. Verletzung dieses Vertrages die Thätigkeit des Gehilfen mit der des Prinzipals identisch ist.

Wenn wir dies festhalten, ist eine theoretische Lösung der Frage, ob der Herr für eine Verschuldung seines Gehilfen Schadensersatz leisten müsse — strafrechtliche Folgen sind ja, wie eben gesagt, ein für alle Mal ausgeschlossen — unmittelbar gegeben; Schwierigkeiten macht nur die prak-

---

1) Vgl. H. G. B. Art. 284 Abs. 3. Jedenfalls hat die Konventionalstrafe nach römischem Recht Straffunktion.

tische Abgrenzung der kontraktlichen von der ausserkontraktlichen Schadenszufügung, da beide in vielen Punkten sehr nahe an einander herankommen. Allerdings wird man die kontraktliche Verantwortlichkeit des Uebernehmers nicht bestreiten können, wenn der Gehilfe die Schuld daran trägt, dass die Erfüllung der Obligation überhaupt nicht oder nicht kontraktgemäss, d. h. nicht in zugesagter Beschaffenheit oder nicht am richtigen Ort[1]) oder zu rechter Zeit[2]) möglich ist — aus dem Grunde haftet der Uebernehmer für seine Arbeiter im Falle eines Streiks[3]) —; und ebensowenig kann die Verantwortlichkeit des Herrn zweifelhaft sein, wenn der Gehilfe das von ihm zu bearbeitende Material des Bestellers zerstört, entwendet oder verschlechtert. Wie aber, wenn der Gehilfe eine kontraktgemässe Leistung gar nicht hindert, sondern nur das ihm etwa vom Besteller zugewiesene Handwerkszeug oder während seiner Arbeit andere Gegenstände beschädigt? Dann muss man scharf zusehen, ob er, als er den Schaden anrichtete, sich in Ausführung der ihm übertragenen Verrichtungen befand, genauer ausgedrückt: ob diejenige Handlung, in deren Ausführung er den Schaden stiftete, ihm zustand, d. h. im weitgehendsten Sinn zu den Handlungen gehörte, welche zur Erfüllung des zwischen Uebernehmer und Besteller geschlossenen Werkvertrages dienten. War dies der Fall, so ist der Kontrakt verletzt, und der Uebernehmer für die Handlungen seiner Gehilfen ex locato verantwortlich. Wenn also ein Dachdeckergehilfe beim Legen der Ziegel den Blitzableiter beschädigt, der Stubenmaler den Kronleuchter herabwirft, wenn ferner ein der Hand des Tischlerlehrlings entgleitender Hammer den Spiegel zertrümmert, so haftet der Herr ex contractu, wofern nur der Gehilfe unmittelbar in Ausführung des ihm zugewiesenen Geschäftes gewesen ist.

---

1) L. 13 § 6 locati.
2) L. 15 D. de V. O. 45, 1.
3) Waren die Forderungen der streikenden Arbeiter berechtigt und kommt infolge des Streikes das opus nicht zustande, so haftet der Herr, weil er selbst in culpa ist.

Jedoch setzen wir hierbei voraus, dass der Besteller selbst der durch die Handlung des Gehilfen Verletzte ist, da eine Thätigkeit, welche den Besteller nicht schädigt, auch den zwischen Uebernehmer und Besteller geschlossenen Werkvertrag nicht berühren kann. Andrerseits freilich darf man nicht verlangen, dass stets die Person des Bestellers oder Sachen, die ihm gehören, durch die Thätigkeit des Gehilfen betroffen sind, dass also der Besteller „unmittelbar" geschädigt wird, es genügt, dass er mittelbar Schaden erleidet, indem er beispielsweise — was praktisch der wichtigste Fall ist — dem beschädigten Dritten kontraktlich z. B. ex commodato den durch die Gehilfen des Uebernehmers entstandenen Schaden seinerseits ersetzen muss. Demnach ist die Verantwortlichkeit des Uebernehmers begründet, wenn, um bei einem obenerwähnten Beispiel zu bleiben, der vom Gehilfen herabgeworfene Kronleuchter — zwar nicht Eigentum des Bestellers, aber — von einem Dritten zu Zwecken einer Festlichkeit entliehen war; sie ist jedoch unbegründet, wenn der von einem Maurer seinem Mitarbeiter zugeworfene Baustein in eine Laterne oder einem Spaziergänger an den Kopf fliegt und wenn seitens des Anstreichers eines Hauses das Nachbargebäude mit Farbe bespritzt wird. Ob freilich die juristisch notwendige Trennung der kontraktlichen und sog. aquilischen culpa praktisch in allen Fällen zweckmässig ist, oder ob es sich nicht vielmehr legislativ empfiehlt, den Uebernehmer für die seitens der Gehilfen in Ausführung „ihrer Dienstverrichtungen" herbeigeführten Beschädigungen allgemein — oder wenigstens unter gewissen Einschränkungen [1]) — verantwortlich zu machen, ist eine andere Frage. Für das römische und gemeine Recht hat sie deshalb keine Bedeutung, weil die Römer eine Haftung des Arbeitgebers für aquilische culpa seiner „Gehilfen" nicht kennen, sondern in denjenigen Fällen, wo sie überhaupt von der Verantwortlichkeit für

---

1) z. B. auf gefährliche Betriebe bestimmter Art, wie in neueren deutschen Reichsgesetzen. Vgl. unten S. 55. 56.

aquilische culpa eines Dritten sprechen, die rechtsgeschäftliche Vertretung durch Institoren im Auge haben [1]). Unter der Voraussetzung also, dass der Besteller selbst der Geschädigte ist, fassen wir das bereits früher Gesagte noch einmal dahin zusammen: Der Uebernehmer muss Ersatz leisten, wenn der Gehilfe in Ausführung der zur Erfüllung des Werkvertrages dienenden, ihm zugewiesenen Thätigkeit Schaden angerichtet hat. Damit ist zugleich eine Abgrenzung von allen denjenigen Beschädigungen gegeben, welche der Gehilfe nur „bei Gelegenheit" seiner Verrichtungen herbeiführt, und indirekt ausgesprochen, dass der Uebernehmer für solche nicht einzustehen braucht. Und in der That hat es mit der Erfüllung des Werkvertrages nichts zu thun, ob der Gehilfe im Hause des Bestellers, wo er den angefertigten Rock abliefern sollte, Sachen beschädigt oder durch ein weggeworfenes Streichholz einen Brand verursacht, derartige Handlungen dürfen daher nicht auf Rechnung des Uebernehmers geschrieben werden. Freilich gilt auch dieser Satz nicht ausnahmslos; vielmehr findet er überall da keine Anwendung, wo mit Rücksicht auf den Wert des Arbeitsobjektes oder auf die Gefährlichkeit der Arbeit zur „Ausführung" des Vertrages eine besondere Vorsicht gehört, und darum in Ermangelung einer solchen keine kontraktgemässe Leistung vorhanden ist. Oder sollte der Werkvertrag etwa ordnungsmässig erfüllt sein, wenn der Gehilfe, welcher in der Nähe von Pulverfässern zu arbeiten oder die Gasleitung zu untersuchen hat, gemächlich seine Zigarre raucht oder an der Gasausströmungsstelle mit offenem Licht herumhantiert und dadurch eine Explosion verursacht? Das wird man gewiss nicht sagen dürfen, auch wenn der Gehilfe die ihm obliegende Arbeit, z. B. die Reinigung des Fussbodens im Pulvermagazin, die Untersuchung der Gasleitung richtig ausgeführt hat. Sehr charakteristisch ist in dieser Hinsicht die noch viel weiter gehende Entscheidung des preussischen

---

. [1] Vgl. Dreyer Gutachten. Verh. L S. 110.

Obertribunals[1]) vom 27. Oktober 1852, welche gemäss den mit den obigen übereinstimmenden preussischen Grundsätzen einen Bauunternehmer dafür ersatzpflichtig erklärt, dass dessen Arbeiter durch unvorsichtige Behandlung der Mauersteine Schaden angerichtet hatten. Das Urteil stützte sich darauf, dass zu einer ordnungsmässigen Ausführung des Baues, als von ihr untrennbarer Bestandteil, auch die sachgemässe Verwendung der Materialien gehöre, und soweit jene nicht erfolgt sei, der Herr die Handlungen seiner Gehilfen ex contractu vertreten müsse.

Damit haben wir den Umfang der Verantwortlichkeit des Uebernehmers konkret festzustellen gesucht; es sei nur noch erwähnt, dass die Haftung für alle Gehilfen die gleiche[2]) ist, ohne Rücksicht darauf, ob die Zuziehung des einen durchaus notwendig, die des anderen absolut überflüssig war; es macht auch keinen Unterschied, dass der Uebernehmer, wenn er z. B. eine juristische Person, etwa eine Eisenbahngesellschaft war, gar nichts an dem opus zu thun vermochte. Das factum der Verwendung des Gehilfen giebt allein den Ausschlag.

Auf dem Boden der entwickelten Grundsätze steht das gemeine Recht. Es geht davon aus, dass der Natur der Sache nach eine Verantwortlichkeit des Uebernehmers für die Handlungen seiner Gehilfen nur insoweit begründet ist, als der zwischen ihm und dem Besteller geschlossene Werkvertrag durch dieselben verletzt wird. Es hält ferner, um das im Eingang unseres Paragraphen Gesagte noch einmal zu rekapitulieren, als Prinzip fest, dass die Haftung des Uebernehmers immer nur soweit reicht, als sich der Gehilfe in culpa befindet.

Wir werden indes im folgenden sehen, dass für unser modernes Recht diese Voraussetzungen nicht mehr völlig zutreffen, seitdem neuere Gesetze bezüglich der Haftpflicht

---

1) Gruchot, Beiträge zur Erläuterung des preussischen Rechtes Bd. XIII, 31.

2) L. 31 D. de solut. 46,3 in Verbdg. mit l. 36 loc. Vgl. auch die allgemeine Fassung des Art. 400 H. G. B.

einzelner Werkunternehmer Spezialvorschriften aufgestellt haben.

Gegenüber der mit dem Aufschwung der Industrie zusammenhängenden, rapiden Vermehrung der gemeingefährlichen Betriebe und dem dadurch notwendig gewordenen Schutz des gesamten Publikums konnten die gemeinrechtlich geltenden Normen, die nur dem Besteller und auch diesem nur unvollkommen Sicherheit boten, in unserer Zeit nicht mehr ausreichen. Unsere Reichsgesetzgebung sah sich daher veranlasst, in doppelter Hinsicht über dieselben hinauszugeben. Einmal dehnte sie die Verantwortlichkeit gewisser Betriebsunternehmer auf bestimmte ausserkontraktliche Schadenszufügungen der Gehilfen aus, sodann statuierte sie die Haftpflicht auch für solche Handlungen, die den Gehilfen nicht zur culpa angerechnet werden können und darum, wie früher gezeigt, als kasuelle vom Unternehmer an und für sich nicht zu prästieren wären. Was die letztgenannte Erweiterung des Umfangs der Verantwortlichkeit anlangt, so ist sie eine Folge der Haftung bis zur vis maior und sie findet sich daher in § 1 des Reichshaftpflichtgesetzes sowie Art. 397, wofern nicht schon Art. 400 des Handelsgesetzbuches ausgesprochen. Praktisch grössere Bedeutung und darum auch ein ausgedehnteres Anwendungsgebiet besitzt die Haftpflicht einzelner Werkunternehmer für ausserkontraktliche aquilische culpa ihrer Gehilfen, wenn sie auch zum Teil an die Voraussetzung geknüpft ist, dass der Gehilfe „in Ausführung" der ihm zugewiesenen Thätigkeit gehandelt hat. So proklamiert Art. 451 des Handelsgesetzbuches ganz allgemein eine aquilische Haftung bezüglich des Rheders, falls eine Person der Schiffsbesatzung in Ausführung ihrer Dienstverrichtungen einen Dritten schädigt; implicite schliesst dieselbe in sich der ebenerwähnte § 1 des Reichshaftpflichtgesetzes, für den Fall, dass „bei dem Betriebe" ein Mensch getötet oder verletzt ist, und unter den gleichen Voraussetzungen spricht § 2 eodem die Haftpflicht gewisser Unternehmer wenigstens für Verschuldungen ihrer vornehmsten Gehilfen, wie Repräsentanten und Aufsichtsführer ausdrücklich aus.

Man kann leicht erkennen, dass für die Gestaltung dieser Ausnahmebestimmungen einzig und allein Gründe des Verkehrsbedürfnisses massgebend gewesen sind. Juristisch lässt es sich nicht erklären, warum, wenn bei den angegebenen Betrieben nicht Personen sondern Sachen beschädigt werden, der Unternehmer nur für eigene culpa haftet — natürlich abgesehen davon, dass diese Sachen etwa Vertragsobjekte, z. B. ihm zum Transport übergeben sind — und ebensowenig, dass der Bergwerks- und Fabriksunternehmer nur für eine bestimmte Klasse der Gehilfen, — wie Repräsentanten und Aufsichtsführer — nicht aber für die ausserhalb derselben stehenden verantwortlich ist. Die juristische Konsequenz erscheint aber hier auch als völlige Nebensache. Unabhängig von juristischen Gründen, ja im Widerspruch mit solchen haben Rücksichten auf das öffentliche Wohl die verschärfte Haftung einzelner Uebernehmer ins Leben gerufen; sie allein können und dürfen daher auch darüber befinden, welche Grenze der Verantwortlichkeit dieser Uebernehmer zu setzen sei.

Vierter Abschnitt.
§ 12.
Die deutschen Partikularrechte und das Ausland.

Haben wir bisher die Frage nach der Haftung des Uebernehmers für die Handlungen seiner Gewerbegehilfen vom Standpunkt des römischen, gemeinen und unseres Reichsrechtes aus beleuchtet, so wollen wir nun einen Augenblick bei den deutschen Partikularrechten verweilen, um zu sehen, wie diese dem Bedürfnis des Verkehrs gerecht geworden sind.

Allen voran hat das preussische Landrecht den an die Auslegung der römischen Quellenzeugnisse sich damals — wie noch heute — knüpfenden Streitfragen für sein Geltungsgebiet ein Ende gemacht, indem es in richtiger Würdigung der thatsächlichen Lebensverhältnisse dem Uebernehmer durch § 930 I, 11 die Verpflichtung auferlegte, alle Handlungen der von ihm zugezogenen Gehilfen wie seine eigenen zu vertreten, d. h. nicht allein für die das opus selbst betreffenden Fehler, sondern auch für sonstige kontraktliche [1]) Schadenszufügungen Ersatz zu leisten. Man wird die Bedeutung dieser Bestimmung nur recht würdigen können, wenn man bedenkt, dass es noch heute hervorragende Juristen giebt, welche die Zweckmässigkeit einer derartigen Haftpflicht entschieden bestreiten, und wenn man dann die Zeit der Abfassung des Landrechts in Betracht zieht. Freilich ist der Begriff der Werkverdingung enger, als er in Rom war, insofern als er nur die materiellen Produktionen, nicht aber die immateriellen opera, vor allem nicht den Transportvertrag umfasst. Dafür enthält jedoch das Landrecht zahlreiche, die Transportgeschäfte betreffende Spezialvorschriften, in denen es die Verantwortlichkeit der Unternehmer in gleichem Sinne regelt, und zwar spricht es nicht allein von Schiffern [2]) und öffentlichen Fuhrleuten, [3]) bei denen die Haftpflicht ex recepto bezw. aus analoger Ausdehnung des receptum hätte hergeleitet werden können, sondern, was für unsere Frage sehr bezeichnend ist, auch von Privatfuhrleuten in dem — allerdings durch das H. G. B. aufgehobenen — § 2459 II, 8.

Ein interessantes Gegenstück zu unserem preussischen bildet das sächsische bürgerliche Gesetzbuch, welches ganz auf dem Standpunkt des vermeintlich orthodoxen, eine Haftung nur für eigene culpa kennenden Romanismus steht. Zwar hat die sächsische Praxis im Anschluss an einige vor Geltung des bürgerlichen Gesetzbuches entschiedene Fälle, einmal den Versuch gemacht, durch extensive Interpretation des § 1247, der allgemein die Haftung des conductor operis wegen Vertragswidrigkeit des opus ausspricht, diesem gewiss fühlbaren Mangel ihres Gesetzbuches abzuhelfen; sie

---

1) im weitgehenden Sinne der auf S. 54 erwähnten Entscheidung des Obertribunals.
2) L. R. § 1734 II, 8
3) L. R. §§ 2452—2455 II. 8.

ist jedoch in einer späteren Entscheidung selbst von diesem Versuch wieder zurückgetreten.[1])

Die übrigen Partikularrechte halten etwa die Mitte zwischen dem preussischen und dem sächsischen Gesetzbuch. Sie wagen es einerseits nicht, die Haftpflicht für alle conductores operis aufzustellen, geben jedoch andererseits dem Verkehrsbedürfnis insoweit nach, als sie die rezipierten Grundsätze des receptum auf den Landtransport übertragen und alle Transportunternehmer, also auch die Eisenbahnen, für ihre Gehilfen verantwortlich machen. So hat das Oberhofgericht Mannheim,[2]) sich darauf stützend,[3]) dass für Verlust und Beschädigung des ihr anvertrauten Gutes die Eisenbahn unbedingt aufkommen müsse, einen Betriebsunternehmer zum Ersatz des Schadens verurteilt, den ein Reisender durch Versehen des dienstthuenden Schaffners erlitten hatte.

Jenen Partikulargesetzgebungen mögen noch zwei Entwürfe angereiht werden, weil diese hinsichtlich ihrer Auffassungen ganz allein dastehen und Gedanken feste Gestalt gegeben haben, wie sie das deutsche Recht bisher nicht zu fassen vermocht hat. Es sind dies der hessische[4]) und der baierische[5]) Entwurf, die entsprechend ihrem französischen Vorbild im Prinzip so sehr von allen oben erwähnten Gesetzbüchern abweichen, selbst über das preussische Landrecht so erheblich hinausgehen, dass in ihnen die Haftung des Uebernehmers für seine Gehilfen nur als Folge allgemeiner, für alle Kontrakte geltender Grundsätze erscheint.

Damit haben wir uns bereits fremdländischen Anschauungen genähert, und es soll uns nun noch übrig bleiben,

---

1) Vgl. die beiden Enscheidungen des O. A. G. Dresden im Wochenblatt merkw. Rechtsfälle 1870: S. 165 ff. 1872. S. 380.
2) Seufferts Archiv VIII. no. 52.
3) Badisches L. R. §§ 1782. 1784. Die Bestimmungen sind aus dem code civil mit herübergenommen.
4) IV. 2 §§ 211—213.
5) II. Art. 62 ff.

einen Schritt in das Ausland zu thun, um unsere Blicke einmal über dasselbe hin schweifen zu lassen. Wir bemerken da dieselben Gegensätze, die unsere deutschen Rechte aufweisen, sogar in bedeutend verschärfter Form ausgeprägt. Aber die beiden Ansichten können sich nicht so die Wage halten, wie dies bei uns der Fall ist. Denn auf der einen Seite steht nur das österreichische bürgerliche Gesetzbuch, welches starr an dem Grundsatz: „ohne Schuld keine Haftung" festhält und bloss für Schiffer und Fuhrleute eine Ausnahme macht,[1]) während die anderen Rechte den Satz, dass jeder conductor operis die Handlungen seiner Gehilfen unbedingt vertreten müsse, für so selbstverständlich halten, dass sie zum Teil eine ausdrückliche Proklamierung desselben nicht für nötig erachteten. So sagt, um von den ausländischen Spezialbestimmungen rücksichtlich der Eisenbahnen und sonstigen gefährlichen Betriebe, — die übrigens auch über unsere deutschen Gesetze hinausgehen —, ganz abzusehen, das schweizerische Obligationenrecht[2]) in Art. 115: „der Schuldner — also auch der conductor operis — ist verantwortlich für Verschulden seiner Angestellten und Arbeiter", und das englisch-amerikanische Recht, mag es auch keine gesetzlichen Bestimmungen über unsere Frage enthalten, huldigt nach den von der Praxis mitgeteilten Fällen noch weit strengeren Grundsätzen.[3])

Den extremsten Standpunkt vertritt jedoch der französische code civil. Denn er verlangt nicht nur: que l'entre-

---

1) § 1816. Dagegen aber § 1313 Oesterr. B. G. B. Allerdings hat man neuerdings — Schreiber a. a. O. S. 64 ff. — aus § 1313, indem man davon ausging, dass die Handlungen der Gehilfen für den Herrn nicht »fremde« seien, die unbedingte Haftung des Uebernehmers herauslesen wollen, und deshalb gilt die Frage jetzt als bestritten. Vgl. Pfaff, 3 Gutachten über die beantragte Revision des 30. Hauptstücks im 2. Teil des Allgemeinen bürgerlichen Gesetzbuches. S. 80 ff.
2) Im Anschluss an das Züricher Gesetzbuch § 1007.
3) Vgl. hierüber v. Bar a. a. O.

preneur répond du fait des personnes, qu'il emploie,[1]) sondern schneidet sogar,[2]) ohne einen Unterschied zwischen gefährlichen und ungefährlichen Unternehmungen zu machen, da er eine bezügliche Spezialgesetzgebung nicht kennt, dem Werkmeister, dessen Geschäft über den handwerksmässigen Betrieb hinausgeht, jede Möglichkeit ab, sich hinsichtlich einer durch seine Gehilfen herbeigeführten Beschädigung überhaupt zu exkulpieren. Ob der Gehilfe gar keine Schuld an dem von ihm angerichteten Schaden trägt, ob er andrerseits soviel Schuld an demselben hat, dass nach unserem Recht seine Handlung als vis maior für den Uebernehmer angesehen werden muss, ist für das französische Recht gleichgiltig; weil es eine Handlung des „Gehilfen" ist, darum haftet der Uebernehmer, und der Beweis qu'il n'a pu empêcher le fait, qui donne lieu à cette responsabilité ändert an seiner Verantwortlichkeit gar nichts.[3])

§ 13.
Würdigung des Prinzipes.

Die vorstehende Ausführung dürfte einen Ueberblick darüber gegeben haben, nach welchen Gesichtspunkten die Frage der Haftung des Uebernehmers für die Handlungen seiner Gewerbegehilfen zu betrachten, und wie sie für das historische Recht und die Dogmatik unseres heutigen Rechtes zu entscheiden ist.

---

1) code civil, Art. 1797.
2) Wie' wir als arg. e contr. aus Art. 1384 entnehmen dürfen. In diesem berühmten Artikel werden Eltern für ihre minderjährigen Kinder, Hausherrn für das Gesinde, commettants für ihre préposés, Erzieher und Meister für ihre Zöglinge und Lehrlinge verantwortlich gemacht — gleichviel ob Kontraktswidrigkeit oder Delikt vorliegt —, und zwar mit dem Bemerken, dass diese Haftung für Eltern, Erzieher, Handwerker eintrete, sofern dieselben nicht nachweisen, dass sie die Beschädigung nicht hindern konnten. Demnach ist den Werkunternehmern, mit Ausnahme der Handwerker der Beweis der Schuldlosigkeit abgeschnitten.
3) Bis auf die Bestimmung des Art. 1384 folgen das italienische und niederländische Recht dem französischen code.

Jene Gedanken, welche das Haftungsprinzip für den conductor operis gestaltet haben, sind aber keine der Werkverdingung eigentümlichen; mehr oder weniger drängen sie sich uns überall da auf, wo ein Schuldner zur Erfüllung der ihm obliegenden Verbindlichkeiten die Thätigkeit dritter Personen in Anspruch nimmt. Es würde daher nur konsequent sein, wenn die Haftpflicht anderer, wofern nicht aller Kontraktsschuldner in unserem Recht eine ähnliche Berücksichtigung gefunden hätte. Inwieweit dies thatsächlich der Fall sei, lässt sich indes nicht mit einem Worte sagen. Das Verkehrsbedürfnis fällt bei keinem Vertrag so ins Gewicht wie bei der Werkverdingung, und deshalb scheuen sich selbst diejenigen Juristen, welche die Verantwortlichkeit des conductor operis als Grundsatz aufstellen, eine generelle Haftung für die Gehilfen als lex lata für das römische und gemeine Recht anzuerkennen, ja weder unsere deutsche Praxis [1]) noch dasjenige Partikularrecht, welches am ehesten zu strengeren Grundsätzen hinneigt, nämlich das preussische Landrecht sind bezüglich unserer Frage über die Werkverdingung hinausgekommen. Ob die römischen Quellen nicht schon eine andere Auffassung angedeutet haben, steht dahin. Sicher ist nur, dass in Zukunft unsere deutsche Gesetzgebung die alten Wege verlassen und in neue Bahnen, wie sie bereits das Ausland ihr vorgezeichnet, einlenken wird.

Der Standpunkt, welchen noch der sog. **Dresdener Entwurf** [2]) eines allgemeinen Gesetzes über die Schuldverhältnisse vertrat, kann als ein überwundener gelten, moderne Anschauungen sind zum Durchbruch gelangt, und so hat sich denn der deutsche Entwurf [3]) eines bürgerlichen Gesetzbuches veranlasst gesehen, über den veralteten Ideen vollständig den Stab zu brechen und dem Schuldner in Ansehung der Erfüllung seiner kontraktlichen Verbindlichkeiten

---

1) In den oben erwähnten Entscheidungen des R. O. H. G. bezw. des R. G.

2) Artt. 693, 694.

3) Vgl. Gierke, der Entwurf S. 99.

die unbedingte Verantwortlichkeit für seine Gehilfen aufzuerlegen.

Es bedarf keiner Erwähnung, dass der einschlägige § 224 Abs. 2 auf der Höhe der Zeit steht; er liefert uns nur einen neuen Beweis dafür, wie energisch die Strömung unserer Zeit dahin drängt, unabhängig vom Nachweis einer inneren culpa, eines moralischen Verschuldens die Haftung des Schuldners nach rein objektiven Merkmalen zu regeln.